Alkier/Rydryck
Paulus – Das Kapital eines Reisenden

STUTTGARTER BIBELSTUDIEN 241

Begründet von Herbert Haag, Norbert Lohfink und Wilhelm Pesch
Fortgeführt von Rudolf Kilian, Hans-Josef Klauck, Helmut Merklein und Erich Zenger
Herausgegeben von Christoph Dohmen und Michael Theobald

Alkier/Rydryck
Paulus – Das Kapital eines Reisenden

Die Apostelgeschichte
als soziohistorische Quelle

© Verlag Katholisches Bibelwerk GmbH, Stuttgart 2017
Alle Rechte vorbehalten

Umschlaggestaltung: Finken & Bumiller
Satz: SatzWeise GmbH, Trier
Druck: Sowa Sp. z.o.o., Warschau
Printed in Poland

www.bibelwerk.de
ISBN 978-3-460-03414-3

Vorwort

Die neutestamentliche Apostelgeschichte ist eigentlich kein Buch mit sieben Siegeln. Als Teil des lukanischen Doppelwerkes mit seinen auktorialen Proömien in Lk 1,1–4 und Apg 1,1–3 lässt die Apostelgeschichte vielmehr ein ebenso klares historiographisches wie theologisches Profil erkennen. Leserinnen und Leser werden auf diese Weise nicht ideologisch manipuliert, sondern in eine offengelegte Textpragmatik einbezogen, die zu einer eigenständigen Positionierung zugleich anleitet und herausfordert.

Trotz dieser textlich klaren Profilierung ist die lukanische Apostelgeschichte bis in die Gegenwart ein bevorzugter Gegenstand nicht nur der exegetischen Diskussion, sondern vielmehr der literarischen, historischen und theologischen Kritik. In Frage standen und stehen zum Teil bis heute der literarische Stil, der historiographische Wert und die theologische Position der Apostelgeschichte.

Im Kontext der gegenwärtigen Diskussion geht der vorliegende Band auf einen Studientag an der Goethe-Universität Frankfurt zurück, der das interdisziplinäre Gespräch von Theologen und Althistorikern zum Ziel hatte und sich insbesondere sozialhistorischen Fragestellungen widmete. Die hier vorgelegte Publikation im Anschluss an den genannten Studientag erscheint im Kontext des vom LOEWE-Programm des Hessischen Ministeriums für Wissenschaft und Kunst geförderten Forschungsschwerpunkts „Religiöse Positionierung: Modalitäten und Konstellationen in jüdischen, christlichen und islamischen Kontexten" an der Goethe-Universität Frankfurt und der Justus-Liebig- Universität Gießen.

In den vergangenen Jahrzehnten der Forschungsgeschichte haben sich die Urteile über die stilistische und theologische Qualität der Apostelgeschichte gegenüber älteren Urteilsfindungen deutlich zum Positiven verschoben. Auch der historiographische Anspruch des lukanischen Werkes wird heute kaum mehr bestritten. Lediglich der historische Quellenwert des Dargestellten ist auch in der gegenwärtigen Forschung Gegenstand intensiver und kontroverser Debatten. Dabei scheint es oft so, als stünden Theologen der Apostelgeschichte als historischer Quelle distanzierter und skeptischer gegenüber als Althistoriker, die sich quellenkritisch mit demselben Text befassen. Die hier versammelten Beiträge stellen demgegenüber für die Bewertung der Apostelgeschichte die unhintergehbare Notwendigkeit eines diskursiven Austausches von theologischen und althistorischen Perspektiven heraus.

So zeichnet der eröffnende Beitrag des Theologen Stefan Alkier anhand zentraler exegetischer Positionen die forschungsgeschichtlichen Veränderungen und Entwicklungslinien in der Bewertung des Quellenwertes der Apostelgeschichte nach.

Der anschließende Beitrag des Althistorikers Alexander Weiß legt die sozialhistorische Neubewertung der Apostelgeschichte am Beispiel der im Text dargestellten *ordo*-Angehörigen dar und plausibilisiert damit Aspekte der lukanischen Darstellung.

Der Beitrag des Theologen Michael Rydryck fokussiert im Kontext sozialhistorischer Fragestellungen die Person des Paulus und fragt nach dessen sozialhermeneutischer Verortung innerhalb eines Gesellschaftsmodells der frühen Kaiserzeit.

Die Althistorikerin Dorothea Rohde fragt korrelativ dazu nach den dezidiert ökonomischen Aspekten in der Darstellung des Paulus und zeichnet diese in das wirtschaftsgeschichtliche Profil der frühkaiserzeitlichen Gesellschaft ein.

Einer vergleichbaren Fragestellung geht der abschließende Beitrag des Althistorikers Ulrich Huttner nach, indem er nach der Mobilität des Paulus im Sozial- und Bedeutungsgefüge kaiserzeitlicher Reiseaktivitäten fragt.

Unser Dank gilt neben den Autoren allen Teilnehmern des Studientages, deren Fragen und Perspektiven die Entstehung dieses Bandes angestoßen und dessen Beiträge bereichert haben. Darüber hinaus danken wir Frau Sarah Jordan und Herrn Andreas Pflock für die Durchsicht der Beiträge, sowie Michael Theobald für die Aufnahme des Bandes in die Reihe der Stuttgarter Bibelstudien.

Stefan Alkier und Michael Rydryck, Frankfurt am Main

Inhaltsverzeichnis

Forschungsgeschichtliche Bemerkungen zur Frage nach dem
historischen Quellenwert der Apostelgeschichte des Lukas   8
Stefan Alkier

Sozialgeschichtliche Aspekte der Apostelgeschichte 37
Alexander Weiß

Das Kapital des Paulus.
Ein Beitrag zur sozialhistorischen Plausibilität der
Apostelgeschichte 59
Michael Rydryck

Von Stadt zu Stadt.
Paulos als wandernder Handwerker und die ökonomisch motivierte
Mobilität in der frühen Kaiserzeit 85
Dorothea Rohde

Unterwegs im Mäandertal.
Überlegungen zur Mobilität des Paulus 118
Ulrich Huttner

Autorenverzeichnis 149

Register 150

Forschungsgeschichtliche Bemerkungen zur Frage nach dem historischen Quellenwert der Apostelgeschichte des Lukas

Stefan Alkier

> „*Das Wichtigste bleibt in dieser Hinsicht immer, dass der Paulus der Apostelgeschichte offenbar ein ganz anderer ist, als der Paulus der paulinischen Briefe selbst.*"
> (Ferdinand Christian Baur, Paulus, der Apostel Jesu Christi. Sein Leben und Wirken, seine Briefe und seine Lehre. Ein Beitrag zu einer Kritischen Geschichte des Urchristentums, Erster Theil, 2. Aufl. nach dem Tode des Verfassers besorgt durch Eduard Zeller, Leipzig 1866, 14)

Dass sich der explizite Autor[1] des lukanischen Doppelwerks mit seinen Proömien in Lk 1,1–4 und Apg 1,1–3 als Historiker im Sinne antiker griechischer und römischer Geschichtsschreibung zu erkennen gibt, dürfte wohl außer Frage stehen.[2] Was er ausführlicher im Proömium seines Evangeliums schreibt, wird man ohne größere methodische Probleme auch für die Apostelgeschichte zur Geltung bringen können. Er habe vor Abfassung seines Werkes alles sorgfältig geprüft (Lk 1,3), was

---

[1] Nach wie vor hilfreich für die Ausdifferenzierung von Autor- und Lesermodellen ist die Monographie von Link, Rezeptionsforschung.

[2] Vgl. Plümacher, Lukas als hellenistischer Geschichtsschreiber; ders., Lukas als griechischer Historiker; ders., Art. Apostelgeschichte, TRE. Die Einordnung der Apostelgeschichte des Lukas in die antike Geschichtsschreibung wird auch von Althistorikern geteilt. So eröffnet z. B. Mittelstaedt seine althistorische Dissertation, Lukas als Historiker, 11, mit den Worten: „Von allen Autoren des neuen Testaments ist Lukas wohl derjenige, der das größte Interesse von althistorischer Seite verdient und derjenige, den man auch am ehesten selbst als Historiker bezeichnen kann, weil er seinem Evangelium nicht nur eine an andere Geschichtsschreiber erinnernde methodische Einleitung voranstellt (Lk 1,1–4) und die eigentliche Handlung in einen exakten chronologischen Rahmen setzt (3,1), sondern mit der Apostelgeschichte auch einen Fortsetzungsband folgen läßt, der in der griechischen Geschichtsschreibung des 1. Jahrhunderts eine neue Gattung begründet: Die Kirchengeschichtsschreibung."

kaum etwas anderes heißen kann, als dass er beansprucht, zumindest einige der Augenzeugen – bzw. deren Nachfahren –, die er in 1,2 anführt, und auch einige der Schauplätze der im Evangelium und dann auch in der Apostelgeschichte genannten Orte und Regionen, wohl in der spätestens seit Herodot bezeugten Manier antiker Historiker,[3] besucht zu haben, um sich ein eigenes, zuverlässiges Bild der erzählten Ereignisse bilden zu können.

Ob der reale Autor mit Blick auf einige der in der Apostelgeschichte erzählten Ereignisse selbst Augenzeuge war, hängt nicht zuletzt von der Datierung und der damit verbundenen Verfasserfrage ab. Keine der vorgeschlagenen Datierungen hat so starke Argumente ins Feld führen können, dass sie die alternativen Datierungen hätte falsifizieren können. So bleibt die Datierung beider lukanischen Bücher eine auf Indizienbeweisen beruhende, hypothetische Angelegenheit, die auf den jeweiligen Voraussetzungen, methodischen Überlegungen und Interpretationen des so genannten lukanischen Doppelwerks beruht, keineswegs aber mit „Fakten" argumentieren kann. Das gilt für die Frühdatierung vor dem Brand Roms (64 n. Chr.)[4], für die Spätdatierung weit in das 2. Jh. n. Chr.,[5] aber auch gleichermaßen für die im deutschen Sprachraum übliche Datierung auf das ausgehende 1. Jh. n. Chr., zumeist mit der hemdsärmeligen Schätzung „80–90 n. Chr."[6].

---

[3] Vgl. Paulsen, Geschichte der griechischen Literatur; Meister, Die griechische Geschichtsschreibung.

[4] So Mittelstaedt, Lukas als Historiker, 251. Ebd., 254, favorisiert er die noch frühere Datierung vor 62 n. Chr.

[5] So schon Baur, Paulus, und mit anderer Begründung heute z. B. Klinghardt, Das Aposteldekret als kanonischer Integrationstext. Wie Baur hält auch Klinghardt, ebd., 91, Anm. 1, „den Verfasser von Lk-Act" nicht auch für den des Lukasevangeliums, sondern für einen Autor des 2. Jh.s; vgl. ebd., 112, mit Blick auf Apg 15 formuliert: „Die eigentliche Behauptung [...] von Gemeinsinn, die das Aposteldekret in seinem literarischen Kontext leistet, liegt vielmehr in der Konstruktion der Begründungszusammenhänge und ihrer Anerkennung durch die Leser. In dieser Sicht formuliert das Aufgebot von Mosegesetz, Einheit aller Apostel (d.h.: außer Paulus auch die Jerusalemer!) und Heiligem Geist eine Gemeinsinnsbehauptung, die auf einer anderen Ebene liegt als die Forderungen des Dekrets, die aber in der Situation im 2. Jh. sehr viel konkreter zu wirken vermag."

[6] Vgl. etwa Jervell, Apostelgeschichte, 86 und dort auch Anm. 205.

Dass aber antike Historiker aufs Ganze betrachtet anders als heutige Historiker weniger Zeit am Schreibtisch verbrachten und die Arbeit vieler von ihnen hohe Anteile empirischer, ethnographischer und teils auch ethnologischer Feldforschung aufwies, kann wohl als gesichertes Ergebnis der Erforschung antiker Historiographie gelten.[7] Schon diese Mobilität des Historikers setzt einiges finanzielles und auch soziales Kapital auf der Seite des realen Autors der kanonischen Apostelgeschichte voraus, denn, wie die Beiträge des vorliegenden Bandes mit Blick auf die Mobilität in der Antike im Allgemeinen und bzgl. des Paulus im Besonderen zu Bewusstsein bringen: Reisen war in der Antike teuer und fast nur finanziell gut gestellten Personen möglich. Und es förderte das soziale Prestige.[8] Antike Historiker gehörten wohl schon deshalb in aller Regel zur Elite wie einst Herodot oder Thukydides und dann auch wie die römischen, durchweg senatorischen Geschichtsschreiber wie Tacitus oder Sueton, oder sie wurden von Königen oder Cäsaren bezahlt, wie etwa Nikolaos von Damaskos[9] zunächst am Hofe des Königs Herodes, oder der jüdische Geschichtsschreiber Flavius Josephus, der Günstling des Kaisers Vespasian.

In nahezu allen bedeutenden und weniger bedeutenden historischen Werken der Antike finden sich tendenziöse Züge, erfundene Reden, Wundergeschichten[10] und realhistorische wie geographische Irrtümer. Aber kaum einem Autor unter diesen Historikern wurde so vehement die historische Zuverlässigkeit abgesprochen, wie dem Verfasser der Apostelgeschichte. Sicher, historische Kritik der Quellen ist notwendig, um ein möglichst plausibles Bild der Vergangenheit zu erarbeiten. Dazu gehört es, Widersprüche, Ungereimtheiten, Unmögliches im Text wahrzunehmen und zu bewerten. Dass aber ausgerechnet von – vor allem deutschsprachigen, protestantischen – Exegeten und Kirchenhistorikern der Quellenwert der lukanischen Apostelgeschichte viel geringer eingeschätzt wurde als von vielen Althistorikern[11], bedarf schon einer Nach-

---

[7] Vgl. Meister, Die griechische Geschichtsschreibung.
[8] Vgl. Giebel, Reisen in der Antike; Alkier/Kessler/Rydryck, Wirtschaft und Geld, 118–134.
[9] Vgl. Nikolaos von Damaskus, Leben des Kaisers Augustus, 1–5.
[10] Vgl. Leppin, Imperial Miracles and Elitist Discourses; sowie Plümacher, Terateia.
[11] So fasst Mittelstaedt, Lukas als Historiker, 251, seine Ergebnisse folgendermaßen

frage an die wissenschaftsgeschichtlichen Konstellationen für diese auch heute noch wirksame Skepsis gegenüber dem neutestamentlichen Historiker, der die kanonisierte Apostelgeschichte schrieb.

Eine solche Nachfrage verdiente eine ausführliche monographische Bearbeitung als forschungsgeschichtliche Selbstaufklärung der vorschnellen Urteile und scheinbaren Gewissheiten historisch-kritischer Positionen. Die folgenden Ausführungen wollen hingegen lediglich drei Diskurse in Erinnerung rufen, die man in einer solchen Monographie auf keinen Fall übergehen dürfte: Die radikale Destruktion des lange Zeit in Geltung stehenden harmonistischen Geschichtsbildes, das man der Apostelgeschichte entnehmen zu können meinte, durch Johann Salomo Semler (1725–1791) im 18. Jahrhundert, der Vorwurf der Geschichtsfälschung durch die Apostelgeschichte mit Blick auf ihre katholisierenden Differenzen zu den paulinischen Briefen im 19. Jahrhundert durch Ferdinand Christian Baur (1792–1860) und derselbe Vorwurf, nun aber verbunden mit der Infragestellung ihrer Kanonizität, im Zuge der von Ernst Käsemann (1906–1998) ausgelösten Debatte um einen vermeintlichen neutestamentlichen Frühkatholizismus.

Dass diese drei forschungsgeschichtlichen Schnappschüsse nicht nur ganz gewichtige andere Positionen wie etwa Adolf von Harnack[12] oder

---

zusammen: „Nach einer gründlichen Analyse aller relevanten Quellentexte hat sich nicht nur die neuerdings wieder positiver beurteilte Autorschaft des Lukas für das zu Recht so genannte *lukanische* Doppelwerk als fundiert erwiesen, sondern entgegen dem Konsens zumindest aller deutschen Einleitungen und Kommentare auch eine frühe Entstehungszeit seiner beiden Bücher." Ebd., 255: „So einheitlich das Doppelwerk im Hinblick auf Aufbau und Komposition auch ist, so ist der markanteste Unterschied doch der, daß Lukas beim ersten Band überwiegend auf Schriftquellen angewiesen war, während er bei der Zusammenstellung der Apg – was die in dieser Arbeit bekräftigte Frühdatierung um so deutlicher nahelegt – Augenzeugen befragen und sogar Selbsterlebtes schildern konnte. Mag er auch das Material seines Evangeliums bei der redaktionellen Parallelisierung mit der Apg durch unhistorische Zusätze und Umstellungen entstellt haben, zumindest bei Apg 16.20–28 gilt für den Arzt im Gefolge des Paulus genau das, was der Endredaktor des Johannesevangeliums in Joh 21,24 über seinen geheimnisvollen Gewährsmann, den ‚Lieblingsjünger' sagt: *Dieser ist der Jünger, der diese Dinge bezeugt und der diese Dinge aufgeschrieben hat, und wir wissen, daß sein Zeugnis wahr ist.*"

[12] Vgl. Harnack, Neue Untersuchungen zur Apostelgeschichte.

Otto Bauerfeind[13] außer Acht lassen, sondern auch auf deutschsprachige Diskurse des 18., 19. und 20. Jahrhunderts beschränkt bleiben, macht nur umso deutlicher, dass hier kein ausführlicher Blick auf die Erforschung der Apostelgeschichte geboten wird, sondern allein wirkmächtige Teilaspekte schlaglichtartig in Erinnerung gerufen werden sollen, die zur massiven Skepsis gegenüber der Apostelgeschichte als historischer Quelle nachhaltig beigetragen haben. Die gründliche, monographische Aufarbeitung der Prädispositionen dieser Debatten wäre aber nicht nur eine theologiegeschichtlich interessante Arbeit, sondern auch ein Lehrstück über die Installation und nachhaltige Wirkung theologischer und geschichtsphilosophischer Positionen im allzu selbstsicheren Gewand historisch-kritischer Gewissheiten.

1. Harmonie oder Diversität: Die radikale Destruktion des Geschichtsbildes der Apostelgeschichte durch Johann Salomo Semlers historisch-kritischen Neuansatz exegetischer und patristischer Forschung im Zeichen der Polyphonie des Christentums

Einzelheiten der Darstellung der lukanischen Apostelgeschichte wurden schon in der Alten Kirche diskutiert. Aufs Ganze gesehen aber setzt erst mit dem Begründer der historisch-kritischen Exegese, Johann Salomo Semler, eine grundlegende Skepsis mit Blick auf die Darstellung der apostolischen Zeit ein. Semler verabschiedete nämlich die Idealisierung der „christlichen Gemeinen zu den Zeiten der Apostel" grundlegend und stellte sich damit gegen das Bild der Harmonie, wie es die Apostelgeschichte des Lukas in den ersten Kapiteln zu zeichnen scheint und von da aus auf eine idealisierte goldene Ursprungszeit der Christenheit ausgeweitet wurde. Gegen dieses sich auf die Apostelgeschichte berufende Idealbild gerichtet schreibt Semler: „Es ist falsch, [...] daß folglich die christlichen Gemeinen zu den Zeiten der Apostel und apostolischen Lehrer, algemeiner rechtschaffen, untadelhaft, oder dem angenommenen Lehrbegrif durchgängiger gemässer gewesen. Selbst die obgleich kurzen Nachrichten des neuen Testaments, die ältesten übrigen christlichen, und

---

[13] Vgl. Bauernfeind, Kommentar und Studien zur Apostelgeschichte.

so gar heidnische Schriften und Denkmale, zeigen uns einen sehr gemischten Zustand der damaligen Kirchenglieder an."[14] Kurz zuvor hatte noch der bis ins 19. Jahrhundert viel gelesene und einflussreiche Gottfried Arnold im Zuge seiner kirchenkritischen Verfallstheorie in zwei umfangreichen Monographien die Einheit der Urgemeinde als leuchtendes Vorbild beschrieben, das jedoch schon sehr bald ins Wanken geraten sei.[15] Semler zufolge aber gab es diese harmonische Einheit von Christusanhängern zu keinem Zeitpunkt in der Geschichte; ja sogar schon die „Lehrart Jesu" selbst habe auf die Zuhörer Rücksicht genommen und verschiedene Ausprägungen christlichen Glaubens und Lebens generiert.[16]

Der Einfluss der historischen Kritik Semlers auf die Exegese des 19. und – in vermittelter Art und Weise – auch auf die des 20. und 21. Jahrhunderts kann wohl kaum überschätzt werden. Nicht erst Ferdinand Christian Baur, der bedeutendste Neutestamentler und Kirchenhistoriker des 19. Jahrhunderts verstand die Geschichte des anfänglichen Christentums als Differenzgeschichte, die nach einem Ausgleich von „Petrinismus" und „Paulinismus" bzw. von „Judenchristentum" und „Heidenchristentum" strebte. Semler hatte lange vor Baur dieses antagonistische Bild entworfen und nachhaltig in das Bewusstsein insbesondere protestantischer Theologen eingeschrieben. Davon zeugt schon die bewundernde und detaillierte Würdigung, die ihm einer seiner erfolgreichsten und wirksamsten Schüler, nämlich Johann Gottfried Eichhorn, nach Semlers Tod zuteilwerden ließ.

Weil die Prägnanz des Referats von Eichhorn kaum zu überbieten ist, gehe ich den bequemen Weg einer Zitatencollage:

„Nach seinen Aueßerungen sind die Schriften des N.T. von localer und temporeller Bestimmung, und weder für alle Zeiten und Völker, noch unentbehrliche Quellen des Christenthums. Sie waren eigentlich und zunächst nicht der ganzen christlichen Kirche bis ans Ende der Welt sondern nur den Zeitgenossen der Apostel; nicht allen Christen jener Zeit, sondern nur einzelnen Gemeinen und Gegenden; nicht zu einem

---

[14] Semler, Versuch einer nähern Anleitung, 63.
[15] Arnold, Die erste Liebe; ders., Unpartheyische Kirchen- und Ketzerhistorie; vgl. dazu Alkier, Urchristentum, 5–14.
[16] Vgl. Alkier, Urchristentum, 21–45.

ganz allgemeinen Zweck, sondern nur zur Abhelfung gewisser Ort und Zeitbedürfnisse mit beständiger Rücksicht auf damalige Lage, Meynungen und Streitigkeiten abgefaßt, und enthielten vieles, was schon damals anderen Gemeinen und Gegenden unbrauchbar und unverständlich wäre: und wie vielmehr müssen sie das uns und unseren Zeiten seyn!"[17] „Das Neue Testament sah nun Semler für eine Sammlung von Schriften an, ursprünglich bestimmt für die beiden christlichen Partheyen; die Evangelien für die jüdisch-christliche; die Paulinischen Briefe für die gnostisch-christliche, die catholischen Briefe zur Vereinigung von beyden."[18] „Alle die vier noch vorhandenen Evangelien gehen (wie Johannes von dem seinigen ausdrücklich sagt) darauf aus, mittelst der äußeren Geschichte Jesus zu beweisen, daß er der erwartete Meßias sey [...] Es waren Evangelien für Juden [...] keine Evangelien für Heiden-Christen."[19]

Mit seiner historisch-kritischen Rekonstruktion der Geschichte des Christentums im 1. und 2. Jh. wendet sich Semler entschieden gegen die Darstellung der Apostelgeschichte, der zufolge es einen mehr oder weniger kontinuierlichen Weg von der harmonischen Einheit in Jerusalem bis hin nach Rom gegeben habe. Erst mit dem Sammeln verschiedener Schriften im Verlauf des 2. Jh.s beginnt nach Semler der konfliktreich bleibende Zusammenschluss verschiedener Gemeinden zu größeren, aber stets regional begrenzten Gemeindeverbänden, die damit aber ihre innere Diversität keineswegs verlieren.

Semler versucht, mit der Rekonstruktion der Kanongeschichte die Entstehung der katholischen Kirche nachzuzeichnen, die er als intolerante Machtgeschichte darstellt, die auf die Beschneidung der angemessenen Diversität und Polyphonie legitimer Ausprägungen christlicher Religion zielte. Dabei entdeckt er das apologetische Interesse nicht nur des Papias, sondern sämtlicher Nachrichten über die Verfasser der Evangelien,[20] die letztlich deren Widersprüche glätten und harmonisieren wollten.

Mit dem radikalen Misstrauen in die biographischen Nachrichten der altkirchlichen Traditionen über die vier Evangelisten fällt aber auch

---

[17] Eichorn, Johann Salomo Semler, 75 f.
[18] Eichorn, Johann Salomo Semler, 66.
[19] Eichhorn, Johann Salomo Semler, 66 f.
[20] Semler, Theologische Briefe III, 204.

die Selbstverständlichkeit, Matthäus gegenüber Markus und Lukas als das älteste Evangelium zu begreifen. Semler bietet mit seiner historischen Kritik an Papias die historiographische Voraussetzung der Hypothese der Markuspriorität, die er allerdings selbst nicht vertritt. Ihm ist nur wichtig, dass die Evangelisten unabhängig voneinander an verschiedenen Orten zu unterschiedlichen Zeiten an das jeweils lokale Publikum schreiben. Seine Vorliebe gilt aber eindeutig dem Johannesevangelium, das er auch früher datiert[21] als die drei anderen kanonischen Evangelien, die aber unabhängig von Johannes mit der Hilfe ihnen vorliegender Fragmente ihre Evangelien zusammenstellten. Jedenfalls bilden nach Semler die Evangelien keine Harmonie, sondern eine Polyphonie lokaler Stimmen mit einer jeweils begrenzten Reichweite.

Das Alte wie das Neue Testament werden in Semlers revolutionärem Kanonverständnis nicht mehr als göttlich gegeben, sondern als historisch gewachsen aufgefasst. Den einzelnen Schriften des Neuen Testaments werden christliche Gruppen zugeordnet. Wie durch die ganze Kirchengeschichte bis hinein in seine Gegenwart sieht Semler auch schon im 1. Jahrhundert eine engere und eine offenere Auffassung der „christlichen Religion" miteinander streiten. Auch wenn es immer wieder Versuche zu einem Ausgleich gab und gibt, so bleibt nach Semler dieser Antagonismus als Strukturprinzip des Christentums unauflösbar und legitim.

Semler arbeitet nämlich gerade nicht mehr wie vor ihm Gottfried Arnold mit einem Verfallsmodell, aber ebenso wenig wie nach ihm Ferdinand Christian Baur mit einem Fortschrittsmodell. Vielmehr behalten die von Semler konstatierten grundlegenden Haltungen ihr jeweiliges Recht bis in Semlers Gegenwart hinein. Semler suchte als Antwort auf die Konfessionskriege gerade keine Synthese, sondern die tolerante Akzeptanz der jeweils anders Denkenden und Glaubenden. Die historische Kritik Semlers dient dem Aufweis der theologischen Sachgemäßheit der Polyphonie christlicher Stimmen. Die Einsicht in die Diversität und Differenz des Frühchristentums erhält bei ihm einen normativen Anspruch, mit dem er sich für die Konfessionsfreiheit und Toleranz gegenüber jeder Auslegung christlichen Glaubens einsetzt, soweit die öffentliche Ordnung damit nicht gefährdet wird.

---

[21] Eichhorn, Johann Salomo Semler, 69.

Die wesensgemäße Zukunft des Christentums liegt nach Semler darin, den freien, von Diversität und Differenz geprägten Ursprung des Christentums als sein Konkretisierungsprinzip zu begreifen und der Freiheit der Privatreligion als individuelle Konkretisierung unter Wahrung der politischen Ordnung voll und ganz freien Lauf zu lassen. Das Wort Gottes als Offenbarung ewiger Wahrheit kann Semler zufolge nicht an eine Ausdrucksform gebunden werden, sei es auch die der Heiligen Schrift oder der altkirchlichen Bekenntnisse. Das Wort Gottes kann nicht in der Gestalt von Buchstaben fixiert werden, es zielt vielmehr in seinen verschiedenen Ausformungen auf das individuelle Gewissen: Jesu „[...] einziger Hauptzwek war, die Menschen zu überzeugen, daß Gott ohne Anwendung der Seelenkräfte, ohne innere Ergebenheit gegen ihn und seine kentlichen Absichten, mit noch so vielen eignen äusserlichen Handlungen und noch so ernsthafter Genauigkeit darin, gar nicht gehörig verehrt und geliebet heissen könne."[22]

Semlers Argumente, die er in zahlreichen Schriften und Detailstudien wortreich aber wenig systematisch publiziert hatte, wirkten so überzeugend, dass sich das polyphone und hoch diverse Bild der Christusanhänger und ihrer lokal bestimmten Gruppierungen im 1. Jahrhundert weitgehend durchsetzte.

Unter dem Eindruck von Semlers historisch-kritischen Forschungen und Differenzierungen veröffentlichte Lessing 1774–1778 die Reimarusfragmente. Lessing erarbeitete auf der Basis der polyphonen Fragmententheorie Semlers auch seine eigene These vom „Evangelium der Nazarener"[23] als hebräisch abgefasstem Urevangelium. Steht Semlers historisch-kritische Arbeit für die Akzeptanz radikaler Diversität und Polyphonie des Christentums auch schon der ersten Jahrhunderte, so bringen die Reimarus-Fragmente eine ganz neue Dimension und polemische Schärfe in die Debatte um die Heilige Schrift ein: den Vorwurf des Betrugs und der Lüge. Erst dadurch wird Vielfalt zum Problem und die Hermeneutik des Verdachts zur Signatur historisch-kritischer Hermeneutik.

Vielleicht reagierte Semler[24] gerade deswegen so scharf auf Reimarus, weil er wesentliche Punkte mit ihm teilte, diese aber völlig anders bewer-

---

[22] Semler, Vorbereitung zur theologischen Hermeneutik, 82 f.
[23] Lessing, Neue Hypothese über die Evangelien.
[24] Semler, Beantwortung der Fragmente eines Ungenannten.

tete. Semler und Reimarus treffen sich in der Überzeugung, die kanonischen Evangelien seien im Geiste jüdischer Messianologie abgefasst. Sie treffen sich auch in der Wahrnehmung nicht harmonisierbarer Differenzen. Während Semler dies aber mit der Unterscheidung von „Wort Gottes" und „Heiliger Schrift" als zu begrüßende Diversität und Polyphonie begreift, stehen die Ausführungen von Reimarus im Zeichen seiner Betrugshypothese. Es mag sein, dass eine Motivation Lessings zur Herausgabe der Reimarusfragmente der Konflikt zwischen den verwandten Positionen von Semler und Reimarus war, und er die Dringlichkeit nach öffentlicher Klärung dieses Disputs zweier kluger Köpfe verspürte.

Dass er damit aber die Frage nach der Entstehung der Evangelien zu einem Politikum machte, förderte die Ausarbeitung diverser Hypothesenbildungen enorm. Erst jetzt wurde deutlich, wie bedrohlich das von nahezu allen theologisch Gebildeten akzeptierte[25] Ergebnis eines desharmonisierten Geschichtsbildes Semlers war, indem es das bislang breit akzeptierte Geschichtsbild der Apostelgeschichte in prinzipieller Weise Lügen strafte: Am Anfang des Christentums steht keine Harmonie und keine lineare Entwicklung, sondern radikale Diversität und Polyphonie[26]. Die kanonischen Schriften sind nicht das eine Wort Gottes, sondern menschlicher Ausdruck der vielfältigen Gottesverehrung in der Nachfolge Jesu Christi. Nicht einmal die Evangelien sind harmonisierbar. Der Kanon ist Semler zufolge nicht verbal inspiriert, sondern ein höchst überflüssiges Machtinstrument der katholischen Kirche auf ihrem Weg zur römischen Staatsreligion. Das Geschichtsbild der Harmonie der Urgemeinde, das sich auf die Apostelgeschichte beruft, ist Semler zufolge bestenfalls fromme Fiktion.

2. Paulus oder „Lukas": Die historische Kritik Ferdinand Christians Baurs an der „Tendenz" der kanonischen Apostelgeschichte

Semler war freilich keineswegs der einzige kritische Erforscher der Anfänge des Christentums und seiner literarischen Zeugnisse. Vor und neben ihm widmeten sich aufgeklärte Philosophen und Historiker wie Vol-

---

[25] Vgl. dazu Eichhorn, Johann Salomo Semler, 1–3.
[26] Vgl. Alkier, Unerhörte Stimmen.

taire (1694–1778), David Hume (1711–1776) oder Edward Gibbon (1737–1794) der Entstehungsgeschichte des Christentums im Rahmen einer als rein natürlich deklarierten Profangeschichtsschreibung, womit eine Absetzung von theologisch oder besser noch kirchlich geprägter Geschichtsschreibung angezeigt wurde.[27] Allein die Tatsache, dass die Geschichte des Christentums in seinen Anfängen im Rahmen einer Profangeschichte wie etwa in Gibbons 1776–1787 erschienenem und bereits 1788 auf Deutsch publiziertem Opus „Decline and Fall of the Roman Empire"[28] untersucht wurde, kann als dogmen- und kirchenkritische Provokation verstanden werden. Bei allen philosophischen Unterschieden trafen sich die aufgeklärten Profanhistoriker in der Überzeugung, dass die von ihnen vertretenen Werte nicht am Beginn einer Entwicklung zu finden seien, sondern an deren Ende. Diese philosophische Überzeugung führte zur Idee der Entwicklungsgeschichte, die den Anfang einer Entwicklung gerade deswegen unvoreingenommener untersuchen konnte, weil sie die vereinheitlichte Wahrheit nicht am Anfang, sondern am Ende einer Entwicklung erwartete und somit eine große Offenheit zur Wahrnehmung von Unterschieden und Widersprüchen an den Tag legen konnte. Die natürliche Geschichtsauffassung aufgeklärter Historiker hinterlässt daher ebenso wie Semlers tolerantes Eintreten für Diversität und Polyphonie dem 19. Jahrhundert das schwere Erbe der aufgelösten und bestrittenen Einheit des anfänglichen Christentums und seines Kanons, ohne über einen Zusammenhang der verschiedenen christlichen Gruppen, Individuen und Schriften auch nur nachdenken zu wollen.[29]

Semler muss als derjenige Theologe gelten, der radikal mit seiner historischen Kritik nachhaltig das Geschichtsbild destruierte, das sich mehr oder weniger zu Recht auf die Apostelgeschichte des Lukas berief und das von der harmonischen Einheit und der kontinuierlich verlaufenden Ausbreitung des anfänglichen Christentums ausging. Damit stellte er sich nicht nur gegen das harmonistische Bild, wie es Gottfried Arnold noch gezeichnet hatte, sondern sprach auch in dieser Hinsicht der Apostelgeschichte des Lukas die historische Zuverlässigkeit ab. Es dauerte in

---

[27] Vgl. zu diesen Zusammenhängen Alkier, Urchristentum, 51–112.
[28] Gibbon, The History of the Decline and Fall of the Roman Empire.
[29] Vgl. Alkier, Urchristentum, 255–260.

der Folge gut 90 Jahre, bis die Apg monographisch hinsichtlich ihrer historischen Darstellungsprobleme analysiert wurde.

Erst der Berner Theologieprofessor Mathias Schneckenburger interpretierte als „Zweck der Apostelgeschichte"[30] die Verteidigung der Apostelwürde des Paulus. Obwohl seine gründliche Analyse zahlreiche historische Probleme in der Darstellung der Apostelgeschichte offenlegt, verteidigt er dennoch ihre grundsätzliche historische Glaubwürdigkeit gegen die Auflösung ins Mythische, wie Schneckenburger sie bei David Friedrich Strauß am Werk sah.[31]

Noch im Erscheinungsjahr der Arbeit von Schneckenburger, also 1841, erschien die Rezension dazu, die der wohl bedeutendste historisch-kritische Exeget und Kirchenhistoriker des 19. Jahrhunderts verfasst hatte: Ferdinand Christian Baur stimmte den Analysen Schneckenburgers weitgehend zu, bemängelte aber, dass er nicht den einzig möglichen Schluss aus seinen trefflichen Beobachtungen zur Textur der Apostelgeschichte gezogen habe, dass nämlich ihre Tendenz des Ausgleichs zwischen Petrus und Paulus zu einer Verfälschung der historischen Wirklichkeit geführt habe, so dass die historische Glaubwürdigkeit der historischen Darstellung der Apg insgesamt zu hinterfragen sei.

In seinem epochalen Paulusbuch tritt Baur dann auch konsequent dafür ein, im Konflikt grundsätzlich den als authentisch erwiesenen Paulusbriefen zu folgen: „Zwischen der Apostelgeschichte und den paulinischen Briefen, soweit sie sich ihrem geschichtlichen Inhalte nach mit der Apostelgeschichte vergleichen lassen, findet im Allgemeinen ein ähnliches Verhältnis statt, wie zwischen dem johanneischen Evangelium und den synoptischen. Die Vergleichung dieser beiden Quellen muss zu der Überzeugung führen, dass bei der grossen Differenz der beiderseitigen Darstellungen die geschichtliche Wahrheit nur entweder auf der einen oder der andern Seite sein kann; auf welcher der beiden Seiten aber sie anzunehmen ist, kann nur durch den unbestreitbaren geschichtlichen Kanon entschieden werden, dass diejenige Darstellung den grössern Anspruch auf geschichtliche Wahrheit zu machen hat, die als die unbefangenere erscheint, und nirgends das Interesse verräth, ihren geschichtlichen Stoff einem besondern subjectiven Zwecke unterzuordnen. Für

---

[30] Schneckenburger, Ueber den Zweck der Apostelgeschichte.
[31] Vgl. Schneckenburger, Ueber den Zweck der Apostelgeschichte, 10f.

die Geschichte der apostolischen Zeit haben ohnedies die paulinischen Briefe den Vorzug einer authentischen Quelle vor allen andern neutestamentlichen Schriften voraus; schon aus diesem Grunde muss die Apostelgeschichte gegen sie zurückstehen, aber es kommt sodann noch das weitere Moment hinzu, dass derselbe Kanon, welcher für das Verhältnis der synoptischen Evangelien zu dem johanneischen als bestimmend angesehen werden muß, auch auf die Apostelgeschichte seine Anwendung findet. [...] dass ich in ihr keine rein objective, sondern nur eine durch ein subjectives Interesse alterirte Darstellung erkennen kann".[32]

Baur belässt es aber nicht bei dieser Kritik, sondern wirft der Apostelgeschichte mit Blick auf die Darstellung des Paulus vor, „[...] dass der Paulus der Apostelgeschichte offenbar ein ganz anderer ist, als der Paulus der paulinischen Briefe selbst."[33] Und im Anschluss an die bereits erwähnte Monographie Schneckenbergers führt Baur aus: „Den beiden Haupttheilen, in welche die Schrift zerfällt (Kap. 1–12 und 13 – fin.), liegt die durch das ganze sich hindurchziehende Idee einer Parallellisierung der beiden Apostel Petrus und Paulus zu Grunde. In dieser Idee hat die Schrift ihre Einheit, ihre Haupttendenz ist, die Differenz zwischen Paulus und Petrus als eine unwesentliche und unanstössige darzustellen. Für diesen Zweck muss im zweiten Theile Paulus soviel möglich wie Petrus erscheinen, und ebenso im ersten Theil Petrus soviel möglich wie Paulus. Beide sollen also einander so nahe als möglich gerückt werden, damit der Eine für den Andern gleichsam einstehe, was von dem unläugbar paulinischen Verfasser der Apostelgeschichte nur im Interesse des Paulus geschehen sein kann."[34]

---

[32] Baur, Paulus I, 7 f.
[33] Baur, Paulus I, 14. Dass diese Perspektive gegenwärtig aus methodischen und inhaltlichen Gründen in Frage steht, zeigt nicht zuletzt der Beitrag von Michael Rydryck in diesem Band.
[34] Baur, Paulus I, 8 f. Ausgearbeitet und flankiert wurde diese Sicht auf die Apostelgeschichte von Baurs Schüler Zeller (vgl. ders., Die Apostelgeschichte nach ihrem Inhalt und Ursprung kritisch untersucht). Schon im Inhaltsverzeichnis, ebd. XI, wird diese Sicht thetisch kenntlich gemacht: „Die Tendenz der Apostelgeschichte ist nicht petrinisch-jüdisch [...], sondern paulinisch [...], aber auch nicht rein paulinisch, sondern vom paulinischen Standpunkt aus conciliatorisch".

Dieser Verfasser ist Baur zufolge aber ein anderer als der des Lukasevangeliums. Baur übernahm von Semler die Idee einer antagonistischen Differenz in den Anfängen des Christentums, aber er bewertet diese nicht nur anders, sondern interprctiert sie entwicklungsgeschichtlich. Für Semler waren die Evangelien judenchristlich, Paulus heidenchristlich und die katholischen Briefe ein Ausgleichsversuch, der aber die beiden anderen keineswegs verdrängte oder „aufhob". Baur hingegen begreift den Katholizismus entwicklungsgeschichtlich als Synthese aus der Spannung von These – das Judenchristentum mit seinem Ausgangspunkt bei Jesus von Nazareth – und Antithese – die paulinische „heidenchristliche" Theologie. Alles also, was als Synthese interpretiert werden konnte, musste jünger sein als die vorausgehenden Entwicklungsstadien. Da Baur zudem ein Vertreter der Griesbachhypothese[35] war, derzufolge das Markusevangelium eine rezeptionsorientiert motivierte gekürzte Neufassung der ihm vorliegenden Evangelien des Matthäus und Lukas war, musste die Apostelgeschichte deutlich später datiert werden als das Lukasevangelium. So begreift Baur die Apostelgeschichte als eine wie das Markusevangelium auf Ausgleich bedachte katholisierende Schrift des 2. Jahrhunderts n. Chr.[36]

Baur geht mit seiner historischen Kritik der Apostelgeschichte soweit, dass er der Forschung empfiehlt, den Verfasser der Apg „nicht für zu aufrichtig und gewissenhaft" zu halten, „um, sobald es in seinem Interesse lag, sich auch noch in ein schroffes Verhältnis zur wahren Geschichte zu setzen."[37] Und so zieht er das Fazit: „Je sichtbarer also seiner Darstellung ein bestimmtes apologetisches Interesse zu Grunde liegt, desto zweifelhafter muss uns auch werden, ob wir bei ihm überall nur eine rein historische Relation vor uns haben, und es kann nicht blos die Möglichkeit, sondern sogar die Wahrscheinlichkeit nicht geläugnet werden, dass er in Manchem, nicht blos negativ durch Verschweigen von Thatsachen und Umständen, die wesentlich zur Sache selbst gehören,

---

[35] Vgl. dazu: Griesbach, Synoptic and Text-Critical Studies 1776–1976.
[36] Es ist interessant zu bemerken, dass mit Blick auf die mögliche Datierung der Apostelgeschichte in jüngster Zeit David Trobisch (ders., Die Endredaktion des Neuen Testaments) und Matthias Klinghardt (ders., Das älteste Evangelium und die Entstehung der kanonischen Evangelien) mit redaktionskritischen Argumenten zu einem vergleichbaren Ergebnis wie einst Baur kommen.
[37] Baur, Paulus I, 13.

sondern auch positiv die wirkliche Geschichte alterirt habe."[38] Damit war der Ruf der Apostelgeschichte als historischer Quelle nachhaltig beschädigt: Die Apostelgeschichte stamme nicht von Lukas, sie gehöre vielmehr als eine katholisierende Schrift in das 2. Jh. n. Chr. und ihr Verfasser mache aufgrund seines unaufrichtigen Charakters nicht davor halt, die Geschichte aktiv und wissentlich zu verfälschen.

So sehr Baur als Tendenz der Apg den Ausgleich zwischen Petrinismus und Paulinismus ins Feld führt, und so sehr er ihren Verfasser eines fragwürdigen Charakters bezichtigt, der seinem „Interesse sogar die geschichtliche Wahrheit aufzuopfern"[39] bereit war, so wenig schüttet er aber das Kind mit dem Bade aus. Er spricht der Apg ihre historische Plausibilität gerade deswegen nicht ab, weil ihre Absicht nur gelingen kann, wenn sie historisch plausibel argumentiert – mit Baurs eigenen Worten ausgedrückt: „Überhaupt darf man sich das apologetische Interesse nicht so ausschliessend gegen das historische denken, dass nicht, sobald nur dem ersten Genüge geschah, auch das letztere mit demselben sich hätte vereinigen können, da ja der apologetische Zweck nur auf der gegebenen geschichtlichen Grundlage ausgeführt werden konnte."[40]

Die Apostelgeschichte fällt für Baur daher nicht als historische Quelle aus. Sie kann dort, wo sie nicht im Widerspruch zu den Paulusbriefen steht, durchaus auch nach sorgfältiger historisch-kritischer Analyse Aufschluss über den einen oder anderen Aspekt der erzählten Ereignisse geben. Vor allem aber ist sie selbst als Zeugnis der Synthese von Petrinismus und Paulinismus im 2. Jh. n. Chr. historisch zu interpretieren: „Die Motive einer solchen Darstellungsweise können nur in Verhältnissen aufgesucht werden, welche um eines allgemeinen Interesses willen eine solche Concession von Seiten eines Pauliners nothwendig machten, in Verhältnissen, wie sie in der Zeit stattfanden, als in Folge aller jener Bestrebungen, zu welchen wir schon in den Briefen des Apostels selbst die judenchristlichen Gegner desselben die ernstlichen Anstalten machen sehen, der Paulinismus so sehr zurückgedrängt war, dass er nur auf dem Wege einer alles Harte und Schroffe seiner Antithese gegen Gesetz und Judentum mildernden Nachgiebigkeit sich erhalten und zu

---

[38] Baur, Paulus I, 14.
[39] Baur, Paulus I, 15.
[40] Baur, Paulus I, 12.

der ihm gegenüberstehenden mächtigen judenchristlichen Partei in ein beiderseitigen Interessen in einer gemeinsamen Einheit so viel möglich ausgleichendes Einverständniss setzen konnte. So wenig sich auch der Gang dieser Verhältnisse genauer verfolgen lässt, so unläugbar ist doch, dass sie vorhanden waren, sie ziehen sich tief in das zweite Jahrhundert hinein, und waren mächtig genug, um in dieser Periode der erst werdenden, aus dem Conflict heterogener Elemente hervorgehenden Kirche noch andere schriftstellerische Ereignisse einer ähnlichen Tendenz hervorzubringen."[41]

Baur hatte seinem ehrgeizigen Schüler David Friedrich Strauß die volle Anerkennung damit verwehrt, dass er ihm eine rein negative Kritik vorwarf. Eben diesen Zug mochte er auch an Johann Salomo Semler nicht. Baur begnügte sich nicht mit der analytisch rekonstruierten Vielfalt von Diversität und Differenz. Geistesgeschichte zu denken und zu schreiben hieß für ihn, „Zusammenhänge"[42] in ihrer Entwicklung zu konstruieren, so plausibel es nur auf der Basis historischer Kritik zu verantworten und d.h. am Detail zu begründen war. Er blieb deshalb nicht bei der negativen Kritik der Apostelgeschichte stehen, sondern machte ihre intensive historische Erforschung zur weiteren Aufgabe: „Sie bleibt daher, ungeachtet über ihren Verfasser, den Zweck und die Zeit ihrer Abfassung ganz anders geurtheilt werden muss als die gewöhnliche Meinung ist, eine höchst wichtige Quelle, aus welcher erst durch strenge historische Kritik ein wahrhaft geschichtliches Bild der von ihr geschilderten Personen und Verhältnisse gewonnen werden kann."[43]

Weniger aber dieses differenzierte Urteil Ferdinand Christian Baurs wurde im weiteren Laufe der Forschung wirksam, als seine radikale Kritik, die es bis heute für nahezu fraglos erscheinen lässt, dass im Konflikt den als „authentisch" betrachteten Paulusbriefen immer der Vorzug gegenüber der „tendenziösen" Apostelgeschichte zu geben sei.

---

[41] Baur, Paulus I, 15 f.
[42] Vgl. Alkier, Urchristentum, 200–243.
[43] Baur, Paulus I, 17.

3. Theologie oder Historie: Die protestantische Ächtung des neutestamentlichen Historikers im Zeichen der Hypothese vom Frühkatholizismus

Vermutlich in Unkenntnis der Forschungsgeschichte berichtet Ernst Käsemann in der ersten Anmerkung seines Aufsatzes „Paulus und der Frühkatholizismus" über „seine" Begriffsbildung „Frühkatholizismus", die allerdings der Sache nach mindestens bis auf Johann Salomo Semler zurückreicht und auch terminologisch schon vor[44] Käsemann im Gebrauch war:

„Sinn und Recht der Bezeichnung ‚Frühkatholizismus' werden heute im Zusammenhang mit dem lukanischen Problem lebhaft und recht widerspruchsvoll diskutiert. Da ich diese Bezeichnung eben im Streit um die lukanische Theologie wohl zuerst öffentlich gebraucht habe, möchte ich wenigstens anmerkungsweise herausstellen, wie ich zu dieser Chiffre

---

[44] Der Begriff Frühkatholizismus wurde von Troeltsch, Die Soziallehren der christlichen Kirchen und Gruppen, (verändert und erweitert wiederabgedruckt in: ders., Gesammelte Schriften I), im Zuge seines Bemühens eingebracht, die kontroverstheologisch geprägte Debatte des 19. Jh.s über das Verhältnis von „Urchristentum" und „(alt)katholischer Kirche" in eine entkonfessionalisierte, historisch-soziologische Frage zu überführen: Durch welche Transformationen wurde die anarchische Predigt Jesu in den hierarchischen „Frühkatholizismus", als eine „episkopale Sakraments-und Traditionskirche" umgestaltet? Als „treibende Kraft" dieser Prozesse galt Troeltsch der „religiöse Gedanke", Gesammelte Schriften I, 85. Die Transformationen waren unter soziologischen Gesichtspunkten notwendig, was ihre kritische Beurteilung im Einzelfall keineswegs ausschließt: Der typologischen Transformationsgeschichte Troeltschs zufolge bleibt die jeweils vorausliegende soziologische Struktur in veränderter Weise erhalten, so dass die starren Epochengrenzen einer linearen Entwicklungsgeschichte obsolet werden. Der Frühkatholizismus wird demzufolge von Troeltsch auch nicht als Verfallserscheinung des „Urchristentums" bewertet. Der Begriff Frühkatholizismus löste dann – auch mit Rücksicht auf die 1870 als Reaktion auf das 1. Vatikanische Konzil entstandene altkatholische Kirche – den von A. Ritschl geprägten Begriff der „altkatholischen Kirche" für die Kirche des 2. Jh.s in der Kirchengeschichtsschreibung ab. 1935 kann Ehrhard, Urkirche und Frühkatholizismus, 127, bemerken, dass „in jüngster Zeit der Ausdruck ‚Frühkatholizismus' in Gebrauch gekommen ist." Warum Käsemann dann fälschlicherweise meint, mit dem Begriff „Frühkatholizismus" 1941/42 einen neuen Begriff geprägt zu haben, bedürfte einer eigenen Untersuchung.

gekommen bin und was sie mich weiterhin verteidigen läßt. Bei der von mir 1941/42 begonnenen Untersuchung der paulinischen Charismenlehre stieß ich notwendig auf die so völlig andere Sicht der kirchlichen Verfassung und ihrer Begründung in den Pastoralen und bei Lukas. Krieg und unmittelbare Nachkriegszeit hinderten mich, dem für mich zunächst äußerst bestürzenden Problem einer doppelten und konträren Konzeption von Geist, Kirche, Amt und Tradition schon im Neuen Testament selber literarisch nachzugehen, obgleich mir bewußt war, daß von da aus Geschichte und Theologie der Urchristenheit eines von Grund auf neuen Aufrisses bedurften, die Kanonfrage bedrängend wurde und die Apostelgeschichte in Zukunft primär nicht mehr historisch, sondern theologisch zu lesen sei."[45]

„Frühkatholizismus" tritt bei Käsemann an die Stelle des Begriffs „nachapostolisches Zeitalter" und wird zum Epochenbegriff einer linearen Geschichtsschreibung, der die Übergangsperiode vom „Urchristentum" zur „Alten Kirche" bezeichnet. Käsemann zufolge stehen sich das Urchristentum, als dessen Hauptvertreter ihm im Neuen Testament Paulus gilt, und der Frühkatholizismus, im Neuen Testament vor allem repräsentiert durch Lk, Apg, Pastoralbriefe, 2 Petr, diametral entgegen: das Ende der urchristlichen Naherwartung mit ihrer christologisch fundierten charismatischen Gemeindeordnung wird zum Anfang des am Traditions- und Legitimationsprinzip erkennbaren Frühkatholizismus, der den Zugang zu Christus nur über die sichtbare Kirche gewährt. Die (ab)wertende Bedeutung des Begriffs Frühkatholizismus bei Käsemann wird schon daran ersichtlich, dass er bezüglich der „frühkatholischen" Schriften des NT – und mit besonderer Schärfe hinsichtlich 2 Petr – die Kanonfrage stellt.

Anders als die differenzierte Sicht Ferdinand Christian Baurs auf den historischen Quellenwert der Apostelgeschichte baut Käsemann eine binäre Opposition für die Bewertung der Apostelgeschichte auf, die „historisch" und „theologisch" gegeneinander ausspielt und behauptet, die Apostelgeschichte sei „nicht mehr historisch, sondern theologisch zu lesen". Was er damit genauer meint, führt er in einem 1949 gehaltenen Vortrag „Amt und Gemeinde im Neuen Testament" aus. Er spricht der Apostelgeschichte jegliche historische Zuverlässigkeit ab und reiht sie

---

[45] Käsemann, Paulus und der Frühkatholizismus, hier 239 f.

verfallstheoretisch als Abfall von der ursprünglichen Wahrheit der paulinischen Kreuzestheologie in die von Käsemann als fiktional bewertete „Theologia gloriae"[46] des „Frühkatholizismus" ein: „Daß hier nicht mehr oder weniger getreu Historie nachgezeichnet, sondern auf der ganzen Linie konstruiert wird, sollte eigentlich nicht bezweifelt werden, selbst wenn man bedenkt, daß Lukas umlaufende Anschauungen und Traditionen weiterreicht und also nicht absichtlich Geschichte fälscht. Auf die Frage, wem auf diese Weise genützt wird, liegt die Antwort selbstverständlich bereit: Interessiert ist daran allein jene Kirche, welche in der Auseinandersetzung mit der Irrlehre ihre Legitimität nachweisen muß und sie durch die Behauptung der Kontinuität zum Urapostolat nachweist. Außerhalb dieser Kirche, die zum heiligen Raum in der Welt geworden ist und sich auf das heilige Amt und die heilige Tradition des Urapostolates gründet, gibt es kein Heil, hat man nicht den Geist. Lukas hat zum ersten Male, soweit wir zu sehen vermögen, die frühkatholische Traditions- und Legitimationstheorie propagiert."[47]

Im Klartext: Lukas ist nach Käsemann ein Geschichtsfälscher, der Propaganda betreibt und die römisch-katholische Kirche der Gegenwart beruht deshalb auf Täuschung und einer Abkehr vom Ursprung der Kreuzestheologie.

Käsemanns Geschichtskonstruktionen sind in einem so hohen Maße fiktional, antikatholisch und gegenüber dem Niveau der Argumentationen Semlers oder Baurs rückschrittig, dass es schwer fällt nachzuvollziehen, welchen Erfolg er damit hatte. Er interpretierte nicht die Apostelgeschichte als Text oder wenigstens wie Semler als Quelle für einen historischen Entwurf, sondern applizierte sein antikatholisches Geschichtsbild auf die Apostelgeschichte und alle anderen Schriften, deren Stimmen er als katholisch empfand. Er meinte wohl tatsächlich, erstmals auch neutestamentliche Schriften dem „Frühkatholizismus" zugeordnet zu haben, was zwar der Begrifflichkeit nach zutrifft, nicht aber der Sache nach. Bereits Baur hatte wie gezeigt die neutestamentlichen Schriften des Ausgleichs zwischen Judenchristentum und Heidenchristentum und ins-

---

[46] Käsemann, Amt und Gemeinde im Neuen Testament, hier 133: „Damit hat sich die Fiktion in die Verkündigung gemengt. Theologia gloriae verdrängt jetzt die theologia crucis."
[47] Käsemann, Amt und Gemeinde im Neuen Testament, 132.

besondere die kanonische Apostelgeschichte als „katholisch"[48] bezeichnet, sah aber aufgrund seiner reflektierten Überwindung der Verfallstheorie damit gerade nicht die Kanonfrage gestellt. Käsemanns „Frühkatholizismus" ist daher kaum anders zu bewerten als eine unnötige Neuauflage der von Semler und Baur längst überwundenen Verfallstheorie.

Die geschichtsphilosophisch, theologisch und methodisch unsachgemäße Verquickung von historischen Hypothesen und theologischen Werturteilen führte zu einer aufgeregten kontroverstheologischen bzw. ökumenischen Debatte, die unter dem plakativen Stichwort „Frühkatholizismus" seit den 50er bis in die Mitte der 80er Jahre des 20. Jh.s vornehmlich in der Neutestamentlichen Wissenschaft aber auch in der Systematischen Theologie ausgetragen wurde. Gegner des Begriffs sahen die Gefahr einer anachronistischen Verfestigung der konfessionellen Spaltung. Befürworter hoben dagegen die Möglichkeit einer konfessionellen Annäherung über einen Ausweis der Verankerung des „Katholizismus" im NT hervor.

Am radikalsten spitzte die Position Käsemanns Siegfried Schulz zu, der in seiner umstrittenen Monographie „Die Mitte der Schrift" weit über Käsemann hinaus im Kern nur die authentischen Paulusbriefe als normativ christlich anerkannte und 17 von 27 Schriften des NT als „frühkatholisch" und damit als Abfall vom ursprünglichen (paulinischen!) Christentum kritisierte. Der programmatisch-ideologische Untertitel der Monographie von Schulz lautete: „Der Frühkatholizismus im NT als Herausforderung an den Protestantismus".[49] Römisch-katholische Exegeten datierten hingegen die Epoche des Frühkatholizismus zurück auf Jesus, um die Kontinuität zur römisch-katholischen Kirche zu behaupten.[50] Protestantische Exegeten wiederum bemühten sich darum, neutestamentliche Schriften vom Verdacht des Frühkatholizismus freizuhalten.[51] Ihnen galten „erst" der 1 Clem und die Ignatianen als „frühkatholisch",

---

[48] Baur, Vorlesungen über Neutestamentliche Theologie, 335.
[49] Schulz, Die Mitte der Schrift.
[50] Vgl. Mußner, Art. Katholizismus. II. Frühkatholizismus (eine vereinzelte Stimme).
[51] Vgl. Goppelt, Die apostolische und nachapostolische Zeit; Marxsen, Der „Frühkatholizismus" im Neuen Testament.

wobei weitgehend unberücksichtigt blieb, daß 1 Clem wohl älter als etwa 2 Petr sein dürfte.

Zu Recht wurde der Begriff Frühkatholizismus wegen seiner Unschärfe und seiner konfessionalistischen und daher anachronistischen Füllung in der von Käsemann ausgelösten Debatte heftig kritisiert. So weist ihn Luz[52] als Epochenbegriff zurück und versteht „Frühkatholizismus" im Anschluss an Andresen[53] als einen Typ des Christentums neben dem christlichen Gnostizismus im 2. Jh. Hahn[54] fordert schließlich den Verzicht des Begriffes Frühkatholizismus zugunsten des älteren, gerade von Käsemann kritisierten Begriffs des „nachapostolischen Zeitalters". Lediglich bestimmte Züge könne man als „frühkatholisch" bezeichnen.

Trotz zahlreicher Versuche, den Begriff Frühkatholizismus zu präzisieren[55] konnte keine Übereinkunft über seinen Gebrauch erzielt werden, weswegen er nur noch selten Verwendung findet und dann zumeist in Anführungszeichen gesetzt wird, um die Problematik dieses Begriffs anzuzeigen.[56] Die konfessionalistische Frühkatholizismusdebatte gehört sicher nicht zu den starken Auftritten neutestamentlicher Wissenschaft, aber sie hatte Folgen für das Ansehen der Apostelgeschichte. Die Apostelgeschichte als „frühkatholische" Schrift war wegen dieser theologischen „Tendenz" zumindest für viele deutschsprachige protestantische Exegeten

---

[52] Luz, Erwägungen zur Entstehung des „Frühkatholizismus".
[53] Andresen, Die Kirchen der alten Christenheit.
[54] Hahn, Frühkatholizismus als ökumenisches Problem.
[55] Vgl. u. a. Neufeld, „Frühkatholizismus" – Idee und Begriff; ders., Frühkatholizismus – woher?; vgl. auch Bartsch, „Frühkatholizismus" als Kategorie historisch-kritischer Theologie; Böcker, Katholizismus und Konfessionalität; Nagler, Frühkatholizismus.
[56] Es ist daher stets danach zu fragen, ob der Begriff „Frühkatholizismus" als soziologischer Typenbegriff oder als Epochenbezeichnung oder als Kombination von beidem gebraucht wird. Sodann ist danach zu fragen, in welchem terminologischen Setting er Verwendung findet, ob er also als Oppositum zum Begriff „Urchristentum" und damit im Rahmen einer (typisch protestantischen) Verfallstheorie steht oder ob er in Kontinuität zum Begriff der „Urkirche" (typisch römisch-katholisch) die ungebrochene Kontinuität von Jesus zur römisch-katholischen Kirche anzeigt. Weiter ist jeweils zu fragen, ob der „Katholizismus" des Frühkatholizismus die Charakterzüge der Alten Kirche vor oder nach der konstantinischen Wende oder gar die der römisch-katholischen Kirche seit der Reformationszeit trägt.

wie Ernst Haenchen[57] und Hans Conzelmann[58] nicht mehr als historisch zuverlässige Quelle einzuschätzen. Sie differenzierten kaum noch zwischen den literarischen Darstellungsaspekten der Apostelgeschichte und ihrem historischen Quellenwert wie es Ferdinand Christian Baur vorgemacht und auch noch Martin Dibelius[59] in seinen wichtigen Arbeiten zur Apostelgeschichte praktiziert hatte. Diese Methodenkonfusion von Käsemann, Haenchen, Conzelmann und anderen im Zeichen einer unsachgemäßen Entgegensetzung von „Theologie" versus „Geschichte" trug nachhaltig zur weit verbreiteten Geringschätzung des historischen Quellenwerts der lukanischen Apostelgeschichte bei.

4. Der historische Quellenwert der Apostelgeschichte des Lukas – Perspektiven einer Neubewertung

Wie kein anderer deutschsprachiger Exeget hat Eckhard Plümacher dazu beigetragen, die Apostelgeschichte des Lukas nicht mehr im Nebel eines vermeintlichen „Frühkatholizismus" wahrzunehmen, sondern sie wieder wie Baur und Dibelius in den Kontext hellenistischer Geschichtsschreibung zu stellen und entsprechend zu würdigen. Schon Plümachers Dissertation aus dem Jahr 1972[60] wurde zu einem unverzichtbaren Standardwerk der Forschung. Mit dem Schwerpunkt auf Fragen der Darstellungsweise zeigt er sich darin noch deutlich als Schüler von Hans Conzelmann, aber er vermengt seine Fragen weniger mit theologischen und historischen Urteilen. Die ihm zu Ehren 2004 erschienene Festschrift „Die Apostelgeschichte und die hellenistische Geschichtsschreibung" zeigt eindrücklich auf, wie breit Plümacher rezipiert worden ist und wie anregend er gewirkt hat.[61] Plümacher hat mit seinen Arbeiten den Blick auf die Apostelgeschichte wieder auf das wissenschaftliche Niveau gehoben, das es im 19. Jh. und 20. Jh. von Ferdinand Christian Baur bis Martin Dibelius bereits hatte.

---

57 Vgl. Haenchen, Apostelgeschichte.
58 Conzelmann, Apostelgeschichte.
59 Vgl. Dibelius, Aufsätze zur Apostelgeschichte.
60 Vgl. Plümacher, Lukas als hellenistischer Geschichtsschreiber.
61 Breytenbach/Schröter, Die Apostelgeschichte und die hellenistische Geschichtsschreibung.

War die gegenseitige Wahrnehmung und zum Teil auch die Zusammenarbeit von Althistorikern und Theologen noch im 19. Jahrhundert eine Selbstverständlichkeit, so brechen diese beiden Forschungsdiskurse nach dem Ersten Weltkrieg im Verlauf des 20. Jahrhunderts zum Schaden beider Disziplinen weitgehend auseinander. Wegweisend an Plümachers weiteren Forschungen zur Apostelgeschichte, die er in vielen gewichtigen Aufsätzen veröffentlicht und in überarbeiteter Weise in einer 2004 erschienenen Aufsatzsammlung[62] nochmals vorgelegt hat, ist deshalb nicht zuletzt die intensivierte Berücksichtigung althistorischer Forschungen. So greift er etwa die althistorische Differenzierung von mimetischer und pragmatischer Geschichtsschreibung auf und präzisiert mit seiner Zuordnung der Apostelgeschichte zur mimetischen Geschichtsschreibung ihre Einbindung in antike Geschichtsschreibung.[63]

Aber nicht nur Plümachers Intensivierung der interdisziplinären Zusammenarbeit mit der althistorischen Forschung, sondern auch seine intensive Berücksichtigung der internationalen Actaforschung lässt deutlich werden, in welch hohem Maß die abschätzige Bewertung der Apostelgeschichte als historischer Quelle ein Phänomen deutschsprachiger und insbesondere protestantischer Exegese war. So schreibt er in seinem Bericht zur Acta-Forschung 1974–1982: „Nicht nur Martin Dibelius sah in Lk den ersten christlichen Historiker. Insbesondere die angelsächsische Lukasforschung hat diesen – hier zumeist mit der Frage nach dem historischen Quellenwert der Apg verknüpften – Gesichtspunkt stets mit Verve verhandelt".[64]

Um den historischen Quellenwert der Apostelgeschichte neu zu diskutieren ist es unerlässlich, den von Plümacher eingeschlagenen Weg interdisziplinärer Zusammenarbeit mit Althistorikern weiterzugehen und zu intensivieren. Glücklicherweise gibt es viele unter ihnen, die sich ihrerseits von einem Austausch mit exegetischer Forschung Impulse für ihr eigenes Fach versprechen, wie es die im vorliegenden Band publizierenden Dorothea Rohde, Ulrich Huttner und Alexander Weiß und darü-

---

[62] Plümacher, Geschichte und Geschichten.
[63] Vgl. dazu Plümacher, Cicero und Lukas.
[64] Plümacher, Acta-Forschung 1974–1982, hier: 5. Vgl. auch u. a. Barrett, Luke the Historian in Recent Study.

ber hinaus insbesondere Hartmut Leppin[65] zeigen. Dass mit den frühchristlichen Texten des 1. und anfänglichen 2. Jahrhunderts literarische Äußerungen auch zum Imperium Romanum jenseits senatorischer Kreise vorliegen, dürfte ein wesentlicher Gesichtspunkt sein, der diese Texte für die althistorische Wissenschaft interessant macht. Wie sehr wir von den unterschiedlichen Fachperspektiven und Wissensbeständen gegenseitig profitieren, haben wir auf unserer kleinen Frankfurter Tagung zur Apostelgeschichte erfahren dürfen, deren Beiträge wir im vorliegenden Band präsentieren. Aber nicht nur mit Althistorikern, sondern ebenso mit Altphilologen, Numismatikern, Archäologen und Epigraphikern sollte die Zusammenarbeit gesucht werden, denn eine der Konstellationen, die zu der abschätzigen Beurteilung des historischen Quellenwertes der Apostelgeschichte geführt hat, muss in der fachlichen und nationalen Isolierung exegetischer Forschung gesehen werden, wie sie im 20. Jahrhundert in Deutschland zu beobachten war.

Nicht zuletzt aus diesem Grund sind forschungsgeschichtliche Aufklärungen über die Konstellationen und Modalitäten der Fachgeschichte relevant für die gegenwärtige und zukünftige Forschung, wenn sie dazu beitragen, scheinbare Selbstverständlichkeiten und „Gewissheiten" in Frage zu stellen. Es lohnt sich bzgl. der Forschungen zur Apostelgeschichte nicht erst mit Martin Dibelius einzusetzen, sondern spätestens mit Semler zu beginnen, um ein vollständigeres Bild der gegenwärtigen Diskurslage zu erhalten. Die Arbeiten von Baur und auch vergessene Kommentare zur Apostelgeschichte wie die von Mathias Schneckenburger und Eduard Zeller sind immer noch des Studiums wert und hätten Irrwege wie die ideologische Frühkatholizismusdebatte verhindern können.

Nicht zuletzt liegt der aktuelle Wert forschungsgeschichtlicher Studien in der Erkenntnis, wie sehr alle Interpretationen und auch die damit hypothetisch erschlossenen Datierungen und Hypothesen zur Verfasserfrage abhängig sind von impliziten oder expliziten methodischen, hermeneutischen, geschichtsphilosophischen, theologischen und weltanschaulichen Prädispositionen der jeweiligen Forscher und ihrer Diskurse. Auch die Frage nach dem historischen Quellenwert von Texten kann daher

---

65   Ich freue mich sehr über die produktive Zusammenarbeit mit meinem Frankfurter Kollegen Hartmut Leppin, die nun auch literarischen Ausdruck gefunden hat, vgl. Alkier/Leppin, Juden – Heiden – Christen?.

nicht allein „historisch" diskutiert werden. Sie muss vielmehr – was Ferdinand Christian Baur immer wieder betonte – auch theoretisch reflektiert werden. Nur so wird die nach wie vor „ungeklärte Relation zwischen historischer Analyse und theologischer Reflexion"[66] bearbeitet werden können, um fatale Irrwege der Forschung wie den der Frühkatholizismusdebatte und ihren ideologischen Verwerfungen zu entgehen.

Die künftige Debatte um den historischen Quellenwert der Apostelgeschichte sollte deswegen zumindest folgendes bedenken:

1. Hypothesen sind Hypothesen. Sie werden nicht durch einen mehrheitlichen *common sense* zu Fakten: Die Frage nach der Datierung und Lokalisierung der kanonischen Apostelgeschichte muss daher als ungeklärt gelten.
2. Die textimmanente Interpretation muss jeder textexternen Schlussfolgerung – und dazu gehören auch literarkritische Hypothesen und die Frage nach dem realen Verfasser – vorausgehen.
3. Ein Profil des realen Verfassers kann nur auf der Basis philologischer und literaturwissenschaftlicher Analysen der Kompetenzen des impliziten Autors[67] erstellt werden. Ohne philologisch begründete und literaturwissenschaftlich reflektierte Textinterpretationen kommen „historische" Hypothesen nicht über den Status reiner Spekulationen und subjektiver Vermutungen hinaus.
4. Grundlage und erstes Kriterium der Plausibilität einer Interpretation ist die Philologie. Die Grenzen der Grammatik und Semantik sind die Grenzen der Interpretation.
5. Grundlage und Kriterium der Konstruktion von Geschichtsbildern sind die überlieferten Texte und Artefakte. Der Beziehung von Text und Geschichte ist daher eine Richtung vorgegeben: vom Text zur Geschichte. Die umgekehrte Richtung – von der angenommenen Geschichte zum Text – öffnet subjektiven Spekulationen und ideologischen Eintragungen Tür und Tor.
6. Die historische Verortung der Apostelgeschichte muss durch ihre philologische, literaturwissenschaftliche und theologische Interpretation erfolgen und darf nicht durch die Applikation eines vorgängigen Geschichtsbildes entschieden werden.

---

[66] Vgl. Reinmuth, Neutestamentliche Historik, 7.
[67] Vgl. Link, Rezeptionsforschung, 25.

7. Die Frage nach der historischen Verortung des Makrotextes der Apostelgeschichte ist zu unterscheiden von dem Quellenwert ihrer einzelnen Episoden.
8. Auch fiktionale Züge können historisch plausibel sein und können daher Aufschluss über das historisch Mögliche bzw. über das für historisch möglich Gehaltene geben.
9. Was als „historischer Quellenwert" gedacht werden kann, kann nicht historisch, sondern muss theoretisch im Sinne einer „Historik" erarbeitet werden.
10. Die Beurteilung des historischen Quellenwerts der Apostelgeschichte wird umso plausibler, je mehr Fachperspektiven sie zu überzeugen vermag.

Literatur

Stefan Alkier: Urchristentum. Zur Geschichte und Theologie einer exegetischen Disziplin, BHTh 83, Tübingen 1993.
Stefan Alkier: Unerhörte Stimmen – Bachtins Konzept der Dialogizität als Interpretationsmodell biblischer Polyphonie, in: Köhlmoos, Melanie/Wriedt, Markus (Hg.): Wahrheit und Positionalität, Kleine Schriften des Fachbereichs Evangelische Theologie 3, Leipzig 2012, 45–70.
Stefan Alkier/Rainer Kessler/Michael Rydryck: Wirtschaft und Geld, Lebenswelten der Bibel 1, Gütersloh 2016.
Stefan Alkier/Hartmut Leppin (Hg.): Juden – Heiden – Christen? Religiöse Inklusion und Exklusion im römischen Kleinasien bis Decius, WUNT, Tübingen 2018 (im Druck).
Carl Andresen: Die Kirchen der alten Christenheit, Die Religionen der Menschheit 29, 1/2, Stuttgart u. a. 1971.
Gottfried Arnold: Die erste Liebe. Das ist: Wahre Abbildung der ersten Christen, nach ihrem lebendigen Glauben und heiligen Leben, aus der ältesten und bewährtesten Kirchen-Scribenten eigenen Zeugnissen, Exempeln und Reden, nach der Wahrheit, und sonderlich der Antiquität, als in einer nützlichen Kirchen-Historie treulich und unpartheyisch entworfen, Frankfurt 1696.
Gottfried Arnold: Unpartheyische Kirchen- und Ketzerhistorie von Anfang des Neuen Testaments bis auff das Jahr Christi 1688, 1. u. 2. T., Frankfurt 1699.
Charles K. Barrett: Luke the Historian in Recent Study, London 1961.
Christian Bartsch: „Frühkatholizismus" als Kategorie historisch-kritischer Theologie. Eine methodologische und theologiegeschichtliche Untersuchung, Studien zu jüdischem Volk und christlicher Gemeinde 3, Berlin 1980.

Otto Bauernfeind: Kommentar und Studien zur Apostelgeschichte, m. e. Einl. v. Martin Hengel, hg. v. Volker Metelmann, WUNT 22, Tübingen 1980.

Ferdinand Christian Baur: Vorlesungen über Neutestamentliche Theologie, hg. v. F. F. Baur, Leipzig 1864.

Ferdinand Christian Baur: Paulus, der Apostel Jesu Christi. Sein Leben und Wirken, seine Briefe und seine Lehre. Ein Beitrag zu einer Kritischen Geschichte des Urchristentums, Erster Theil, 2. Aufl. nach dem Tode des Verfassers besorgt durch Eduard Zeller, Leipzig 1866.

Tobias Böcker: Katholizismus und Konfessionalität. Der Frühkatholizismus und die Einheit der Kirche, Abhandlungen zur Philosophie, Psychologie, Soziologie der Religion und Ökumenik 44 NF, Paderborn u. a. 1989.

Cilliers Breytenbach/Jens Schröter unter Mitw. v. David S. Du Toit (Hg.): Die Apostelgeschichte und die hellenistische Geschichtsschreibung. FS Eckhard Plümacher zu seinem 65. Geburtstag, Ancient Judaism and early Christianity 57, Leiden/Boston 2004.

Hans Conzelmann: Die Apostelgeschichte, HNT 7, 2. Aufl. 1972.

Johann Gottfried Eichhorn: Johann Salomo Semler, ABBL 5., 1. Stück (1793, 1–202.

Albert Ehrhard: Urkirche und Frühkatholizismus, Bonn 1935.

Martin Dibelius: Aufsätze zur Apostelgeschichte, hg. v. H. Greeven, FRLANT 60, Göttingen 1951.

Marion Giebel: Reisen in der Antike, Düsseldorf/Zürich 1999.

Edward Gibbon: The History of the Decline and Fall of the Roman Empire, ed. with Introduction, Notes and Appendices by J. B. Bury, 7 Vol. London 1909–1914.

Leonard Goppelt: Die apostolische und nachapostolische Zeit, KiG 1. Lf A, Göttingen 1962.

Johann Jakob Griesbach: Synoptic and Text-Critical Studies 1776–1976, ed. by B. Orchard and T. R. W. Longstaff, SNTS MS 34, Cambridge u. a. 1978.

Ernst Haenchen: Die Apostelgeschichte, KEK 3, 16. Aufl. Göttingen 1977.

Ferdinand Hahn: Frühkatholizismus als ökumenisches Problem, Catholica 37 (1983), 17–35.

Adolf von Harnack: Neue Untersuchungen zur Apostelgeschichte, Leipzig 1911

Jakob Jervell: Die Apostelgeschichte, KEK, Göttingen 1998.

Ernst Käsemann: Paulus und der Frühkatholizismus, in: ders., Exegetische Versuche und Besinnungen II, 3. Aufl. Göttingen 1964, 239–252.

Ernst Käsemann: Amt und Gemeinde im Neuen Testament, in: ders., Exegetische Versuche und Besinnungen I, 6. Aufl. Göttingen 1970, 109–134.

Matthias Klinghardt: Das Apostelkonzil als kanonischer Integrationstext: Konstruktion und Begründung von Gemeinsinn, in: Markus Öhler (Hg.): Apostelkonzil und antikes Vereinswesen. Gemeinschaft und ihre Ordnung, WUNT 280, Tübingen 2011, 91–112.

Matthias Klinghardt: Das älteste Evangelium und die Entstehung der kanonischen Evangelien, 2 Bd., TANZ 60, Tübingen 2015.

Hartmut Leppin: Imperial Miracles and Elitist Discourses, in: Stefan Alkier/Annette

Weissenrieder (Eds.): Miracles Revisited. New Testament Miracle Stories and their Concepts of Reality, SBR 2, Berlin/Boston 2013, 233–248.
Gotthold Ephraim Lessing: Neue Hypothese über die Evangelien als blos menschliche Geschichtschreiber betrachtet, Wolfenbüttel 1778.
Hannelore Link: Rezeptionsforschung. Eine Einführung in Methoden und Probleme, 2. Aufl., Stuttgart u. a. 1980.
Ulrich Luz: Erwägungen zur Entstehung des „Frühkatholizismus", ZNW 65 (1974), 88–111.
Willi Marxsen: Der „Frühkatholizismus" im Neuen Testament, Biblische Studien 21, Neukirchen 1958.
Klaus Meister: Die griechische Geschichtsschreibung. Von den Anfängen bis zum Ende des Hellenismus, Stuttgart u. a. 1990.
Alexander Mittelstaedt: Lukas als Historiker. Zur Datierung des lukanischen Doppelwerkes, TANZ 43, Tübingen 2006.
Franz Mußner: Art. Katholizismus. II. Frühkatholizismus, LThK² VI, 89 f.
Norbert Nagler: Frühkatholizismus. Zur Methodologie einer kritischen Debatte, Regensburger Studien zur Theologie 43, Frankfurt a. M. 1993.
Karl H. Neufeld SJ: „Frühkatholizismus" – Idee und Begriff, ZKTh 94 (1972), 128.
Karl H. Neufeld SJ: Frühkatholizismus – woher? Überlegungen zu einer These, ZKTh 96 (1974), 353–384.
Nikolaos von Damaskus: Leben des Kaisers Augustus, hg. v. übers. u. komm. v. Jürgen Malitz, TzF 80, Darmstadt 2003.
Thomas Paulsen: Geschichte der griechischen Literatur, Stuttgart 2004.
Eckhard Plümacher: Lukas als hellenistischer Geschichtsschreiber. Studien zur Apostelgeschichte, StUNT 9, Göttingen 1972.
Eckhard Plümacher: Lukas als griechischer Historiker, PRE.S 14 (1974), 235–264.
Eckhard Plümacher: Art. Apostelgeschichte, TRE 3 (1978), 483–528.
Eckhard Plümacher: Acta-Forschung 1974–1982, ThR N.F. 48/1, 1–56.
Eckhard Plümacher: Cicero und Lukas, in: ders., Geschichte und Geschichten. Aufsätze zur Apostelgeschichte und zu den Johannesakten, hg. v. J. Schröter u. R. Brucker, WUNT 170, Tübingen 2004, 15–32.
Eckhard Plümacher: TERATEIA. Fiktion und Wunder in der hellenistisch-römischen Geschichtsschreibung und in der Apostelgeschichte, in: ders., Geschichte und Geschichten. Aufsätze zur Apostelgeschichte und zu den Johannesakten, hg. v. J. Schröter u. R. Brucker, WUNT 170, Tübingen 2004, 33–83.
Eckart Reinmuth: Neutestamentliche Historik. Probleme und Perspektiven, THLZ.F 8, Leipzig 2008.
Mathias Schneckenburger: Ueber den Zweck der Apostelgeschichte. Zugleich eine Ergänzung der neueren Commentare, Bern 1841.
Siegfried Schulz: Die Mitte der Schrift. Der Frühkatholizismus im NT als Herausforderung an den Protestantismus, Stuttgart/Berlin 1976.
Johann Salomo Semler: Versuch einer nähern Anleitung zu nützlichem Fleisse in der ganzen Gottesgelehrsamkeit für angehende Studiosos Theologiä, Halle 1757.

Johann Salomo Semler: Vorbereitung zur theologischen Hermeneutik, zu weiterer Beförderung des Fleisses angehender Gottesgelehrten, Halle 1760.
Johann Salomo Semler: Beantwortung der Fragmente eines Ungenannten insbesondere vom Zweck Jesu und seiner Jünger, Halle 1779.
Johann Salomo Semler: Theologische Briefe. Dritte Sammlung. Nebst einem Versuch über den freien Ursprung der christlichen Religion, Leipzig 1782.
David Trobisch: Die Endredaktion des Neuen Testaments. Eine Untersuchung zur Entstehung der christlichen Bibel, NTOA 31, Freiburg/Schweiz 1996.
Ernst Troeltsch: Die Soziallehren der christlichen Kirchen und Gruppen. Archiv für Sozialwissenschaft und Sozialpolitik NF 26 (1908), 1–55. 292–342. 949–692.
Ernst Troeltsch: Gesammelte Schriften I, Tübingen 1912.
Eduard Zeller: Die Apostelgeschichte nach ihrem Inhalt und Ursprung kritisch untersucht, Stuttgart 1854.

Sozialgeschichtliche Aspekte der Apostelgeschichte

Alexander Weiß

Im weiten Feld der sozialhistorischen Forschungen zum frühen Christentum sticht eine Frage heraus, zu der immer noch vielfach eine eigentlich mittlerweile überholte Ansicht reproduziert wird. Es geht um die Frage nach der sozialen Zusammensetzung des frühen Christentums bzw. der frühchristlichen Gemeinden. Das Christentum sei, zumindest in seinen Anfängen, eine Religion der Mühseligen und Beladenen, der Sklaven und Freigelassenen, der Armen und Unterdrückten, kurz eine Unterschichtenreligion gewesen. Diese Vorstellung vom Christentum als einer Unterschichtenreligion ist ein zählebiger und schwer auszurottender historischer Mythos. Die sozialhistorische Forschung hat sich mittlerweile von dieser Vorstellung gelöst. Umstritten bleibt allerdings die Frage, inwieweit tatsächlich schon Personen aus der Spitze der Gesellschaft des römischen Reiches unter den frühen Christen zu finden sind. Um diesen Punkt soll es in dem vorliegenden Beitrag gehen.[1]

1. Von Deißmann zum *new consensus*: Keine Oberschichtangehörige unter den frühen Christen

Die These von der sozial niedrigen Herkunft der frühen Christen ist verbunden mit dem Namen Gustav Adolf Deißmann. Deißmann formulierte, so kann man bis heute lesen, den zu seiner Zeit herrschenden Consensus in seinem berühmten Buch „Licht vom Osten"[2]. Dieser alte Consensus, so lautet die Erzählung oft, wurde durch den Althistoriker

---

[1] Der Beitrag fasst die Ergebnisse meines Buches: Weiß, Elite und Christentum, zusammen, auf das für eine ausführlichere Diskussion verwiesen wird. Da seit der Drucklegung mittlerweile einige Zeit vergangen ist, nutze ich die Gelegenheit, um in diesem Beitrag einige Hinweise auf jüngere Literatur nachzutragen und einige Quellen zu ergänzen (insbesondere zu den Sergii Paulli), die seither bekannt geworden sind.

[2] Deißmann, Licht.

Edwin Judge überwunden mit seinem Essay „The social pattern of the Christian groups in the first century"³, Original erschienen 1960, in deutscher Übersetzung 1964. Beide Versionen finden sich wieder abgedruckt in zwei Sammelbänden mit den Werken Judges aus dem Jahr 2008.⁴ Judges Essay markiere den Beginn einer neuen Ära und den Beginn des sogenannten ‚new consensus' in der sozialgeschichtlichen Exegese des Neuen Testaments.⁵ Dieser ‚new consensus' lautet: Der soziale Status der frühen Christen sei durchaus höher anzusiedeln als dies vormals behauptet wurde. Wie hoch genau, damit werden wir uns noch beschäftigen. Ich will die Verdienste Edwin Judges keineswegs schmälern, aber die Wissenschaftsgeschichte muss meines Erachtens etwas anders erzählt werden.⁶ Es gab meines Erachtens keinen ‚old consensus'. Dies müssen wir hier aber nicht weiter verfolgen. Gerd Theißen hat kürzlich behauptet, es gäbe auch keinen ‚new consensus'⁷, aber da schüttet er vielleicht doch das Kind mit dem Bade aus.

Worin besteht der ‚new consensus' genauer? Er lautet zusammengefasst etwa folgendermaßen: Die frühen Christen stammten nicht ausschließlich aus den unteren Schichten, sondern die frühen Gemeinden waren in ihrer sozialen Zusammensetzung wahrscheinlich ein Spiegelbild der Gesellschaft ihrer Zeit und die ersten Christen entstammten im Wesentlichen allen Schichten der Gesellschaft. Zwei weitere Punkte kennzeichnen daneben den *new consensus.*

Vor allem Meeks, der jüngere Entwicklungen aus der Soziologie aufgenommen hatte, und daneben Theißen, vertreten den Standpunkt, für die frühen Christen wären ‚Statusdissonanzen' charakteristisch gewesen.⁸ Vereinfacht gesagt heißt dies: Eine einzelne Person hat keine klar zuzuordnende Position innerhalb einer gesellschaftlichen Hierarchie, beispielsweise „obere Mittelschicht", sondern der soziale Status einer Person ist nach verschiedenen Kriterien unterschiedlich zu bemessen. Dieselbe

---

[3] Judge, Pattern, und Ders., Gruppen.
[4] Ders., Distinctives; Ders., Christians.
[5] Zur Einschätzung des wissenschaftshistorischen Stellenwerts von Judges Essay vgl. Horrell, Interpretation, 6: „landmark"; Thiselton, Corinthians, 25: „turning point".
[6] Dies wird ausführlich dargestellt in: Weiß, Deissmann.
[7] Theißen, Structure, 66.
[8] Grundlegend Meeks, Christians, 51–73.

Person konnte nach dem einen Kriterium einen relativ hohen Status besitzen, nach einem anderen Kriterium jedoch einen relativ niedrigen Status. Innerhalb der römischen Gesellschaft wären die reichen Sklaven oder Freigelassenen ein passendes Beispiel für Statusdissonanzen. Sklaven und mehr noch Freigelassene konnten sehr reich sein, und in der Kategorie Besitz galt die simple Regel: Je reicher man war, desto höher der soziale Status. Sklaven galten jedoch im Personenrecht als *res*, als Sachen, nicht als Personen, und waren demzufolge nur eingeschränkt rechtsfähig. Sie konnten also nach einer sozialen Kategorie, dem Vermögen, einen sehr hohen Rang haben, waren aber gemäß einer anderen wichtigen sozialen Kategorie, der des Bürgerrechts, ganz unten anzusiedeln. Daraus entstehen, so die Soziologen, ,Statusdissonanzen' und dies war laut Meeks und Theißen ein Charakteristikum der frühen Christen.

Damit hängt der zweite Punkt zusammen. Die frühen christlichen Gemeinden, so die meisten *new consensus*-Vertreter, bildeten nämlich keinen exakten Querschnitt durch die Gesellschaft, denn aus der Spitze der Gesellschaft wäre keiner der frühen Christen gekommen. Die hochrangigsten Christen stammten, wie Theißen es formuliert hat, aus der „Peripherie der lokalen Oberschicht"[9]. Dies wären Personen mit einem relativ hohen sozialen Status gewesen, die aber aus verschiedenen Gründen nicht völlig in die führenden Kreise der Gesellschaft integriert worden wären und die aufgrund der dadurch entstandenen Statusdissonanzen sich den christlichen Gemeinden zugewandt hätten, in denen sie die soziale Akzeptanz gefunden hätten, welche ihnen durch die Gesellschaft verweigert worden wäre.

Im Kern geht es nun um diese beiden Annahmen des *new consensus*: Dass es keine Angehörigen der sozialen Elite unter den ersten Christen gegeben hätte, und dass wir in den christlichen Gemeinden im besten Fall Personen aus der „Peripherie der lokalen Oberschicht" finden können, die unter Statusdissonanzen gelitten hätten.

---

[9] Theißen, Structure, 73.

2. Soziale Elite im römischen Sinne: Die *ordo*-Angehörigen

Nun stellt sich zunächst die Frage: Wer oder was soll denn überhaupt mit dem Begriff der ‚Oberschicht' oder der ‚sozialen Elite' gemeint sein? Ganz oft ist der Begriff in den Arbeiten zur Sozialgeschichte des frühen Christentums gar nicht genauer definiert worden. Er bleibt diffus und schwammig, und nach welchen Kriterien man denn die Oberschicht im römischen Reich definieren soll, wird vielfach nicht weiter bedacht. Und in der Tat ist die Oberschicht im römischen Reich gar nicht so einfach zu definieren. Geht man die einschlägigen althistorischen Arbeiten zur römischen Sozialgeschichte durch, dann schält sich trotz unterschiedlichster Vorstellungen über die Struktur der römischen Gesellschaft doch eine Übereinstimmung in den unterschiedlichen Modellen heraus: Wie auch immer man die soziale Elite definiert, in jedem Fall sind ihr die Angehörigen der drei sogenannten *ordines* (versuchsweise zu übersetzen mit ‚Stände') zuzurechnen. Um Géza Alföldys Definition zu zitieren: „Man mußte reich sein, höhere Funktionen und dadurch Macht ausüben, man mußte über Ansehen in der Gesellschaft verfügen und vor allem – da Reichtum, höhere Funktionen und Ansehen damit fast gleichbedeutend waren – Mitglied eines führenden *ordo*, eines korporativ organisierten privilegierten Standes, sein. Nur wer alle diese Voraussetzungen erfüllte, gehörte wirklich in vollem Sinne zu den sozialen Oberschichten, nämlich – vom Kaiserhaus abgesehen – die Mitglieder des *ordo senatorius*, des *ordo equester* und des *ordo decurionum* der einzelnen Städte."[10] Wer waren nun die Mitglieder dieser drei *ordines*? Dies waren zum einen die Senatoren als Mitglieder des *ordo senatorius*. Zum Senatorenstand gehörten darüber hinaus die Ehefrauen und Nachkommen der Senatoren über drei Generationen. Es waren zum zweiten die *equestres*, die sogenannten Ritter (die man freilich nicht mit mittelalterlichen Rittern verwechseln darf) als Mitglieder des *ordo equester*. Die Ritter hatten vielfach hohe Posten in der Reichsverwaltung inne. Schließlich die Dekurionen, die Stadtratsmitglieder, die zum *ordo decurionum* der jeweiligen Städte ge-

---

[10] Alföldy, Sozialgeschichte, 138. Auch Vittinghoff, der schärfste Kritiker von Alföldys Modell, bezeichnet die Angehörigen der drei *ordines* als „politische Funktionselite": Vittinghoff, Gesellschaft, 235. Vgl. auch Jacques/Scheid, Rom, 331–334.

hörten. Sollten sich also *ordo*-Angehörige unter den frühen Christen finden, so wäre die These des *new consensus*, dass die Spitze der Gesellschaft nicht in den frühchristlichen Gemeinden zu finden gewesen sei, hinfällig.

Es gibt nun unter den frühen Christen drei Kandidaten für eine *ordo*-Zugehörigkeit:

1) Sergius Paullus, Statthalter von Zypern und damit Senator, der in Apg 13 erwähnt wird.

2) Dionysios, der in Apg 17 als Mitglied des athenischen Rates des Areopags genannt wird. Der Areopag war im 1. Jh. eine Art Stadtrat, in jedem Fall das höchste politische Gremium Athens. Dionysios wäre somit in gewissem Sinn als Mitglied eines *ordo decurionum* zu verstehen.

3) Erastos, der *oikonomos tês póleôs*, der Stadtkämmerer von Korinth, den der Apostel Paulus am Ende seines Briefes an die Römer erwähnt (16,23). Ist er ein Magistrat, ein städtischer Beamter, dann war er auch Mitglied des *ordo decurionum* der römischen Kolonie Korinth.

3. Die Skepsis gegenüber der Apostelgeschichte und die Folgen für die Sozialgeschichte

Man könnte nun denken: Hier haben wir also drei *ordo*-Angehörige, *causa finita*. Glücklicherweise stellt sich die Angelegenheit nicht so einfach dar, sonst wäre nicht nur dieser Beitrag überflüssig. Es ist bekannt, dass es um den Ruf der Apostelgeschichte, ihre ‚historische Zuverlässigkeit' betreffend, nicht immer gut bestellt ist. Der zweite Kandidat, Dionysios, steht noch dazu in engster Nachbarschaft zur notorisch umstrittenen Rede des Paulus vor dem Areopag in Athen, die selbst von einigen der besten theologischen Kommentare als „Fremdkörper im Neuen Testament" bezeichnet wird[11].

Man begibt sich also, wenn man nach der historischen Zuverlässigkeit der Apostelgeschichte fragt, in borniges Gelände. Man muss sich allerdings der Problematik an dieser Stelle stellen, da die Konsequenzen für unsere sozialhistorische Fragestellung offenkundig sind. Es gibt in dieser Debatte zwei gegensätzliche Positionen, die nicht leicht miteinan-

---

[11] Zu den Einwänden gegen die Authentizität der Areopagrede bspw. Dibelius, Aufsätze, 54–70, aber auch Jervell, Apostelgeschichte, 452–456.

der zu versöhnen sind. Die eine Seite steht der Frage mit einer mehr oder minder großen Skepsis gegenüber, die andere Seite betrachtet die Apostelgeschichte als eine im allgemeinen zuverlässige historische Quelle. Es ist ein bemerkenswertes Phänomen, dass hinter beiden Positionen lange Zeit gleichsam auch zwei unterschiedliche Wissenschaftstraditionen und -kulturen standen. Die skeptische Position wurde zumeist von deutschsprachigen Neutestamentlern vertreten, während anglophone, oftmals britische Wissenschaftler vielfach weniger Vorbehalte gegenüber der historischen Zuverlässigkeit der Apostelgeschichte hatten. Dies ist selbstverständlich eine schematische Sicht, für die man eine Reihe von Ausnahmen anführen könnte, ja müsste. Nichtsdestotrotz ist die unterschiedliche ‚nationale' oder vielleicht besser ‚kulturelle' Herkunft der Vertreter dieser beiden entgegengesetzten Positionen auffällig.[12] Es ist weiterhin auffällig, dass sich im deutschsprachigen Raum nur wenige Althistoriker in die Debatte eingeschaltet haben – der einzige deutschsprachige Althistoriker, der sich wirklich umfassend mit der Apostelgeschichte auseinandergesetzt hat, war Eduard Meyer –, während sich in der englischsprachigen Wissenschaftslandschaft zahlreiche Forscher mit altertumswissenschaftlicher Ausbildung mit der Apostelgeschichte befasst haben. Weil infolgedessen hierzulande der Austausch zwischen Altertumswissenschaftlern und Neutestamentlern beinahe gänzlich zum Erliegen kam, sah sich Cilliers Breytenbach 1996 dazu veranlasst, von einer „überfällige[n] Wende in der deutschen Actaforschung"[13] zu sprechen. Die Frontstellungen sind glücklicherweise in der Tat seither etwas aufgebrochen. Allerdings wird man auch zugeben müssen, dass eine An-

---

[12] Auf diesen Kontrast ist hingewiesen worden von Breytenbach, Paulus, 5–10; Frey, Fragen, 6.15; Gasque, History, *passim* bes. 105 f.; Hemer, Acts, 3–14; Marguerat, Apostelgeschichte, 44; Pilhofer, Lukas, 113–115. – Conzelmann, Rez. zu W. Gasque, 66 widersprach zwar scharf dem „Vorurteil (…), in Deutschland nehme man die angelsächsische Forschung nicht zur Kenntnis", mit dem exemplarischen Hinweis auf das seiner Ansicht nach viel genutzte Werk von Frederick J. Foakes-Jackson/Kirsopp Lake, The Beginnings of Christianity. Und in der Tat hat Conzelmann selbst in seinem Acta-Kommentar auch die Arbeiten von bspw. Ramsay und Bruce benutzt. An dem Sachverhalt, dass sich hier zwei Positionen fast diametral gegenüberstanden, ändert das freilich nichts.

[13] Breytenbach, Paulus, 10.

näherung der diametralen Sichtweisen auf den Quellenwert der Apostelgeschichte weiterhin schwierig bleibt.

Aus der Position, die man in der Frage der historischen Zuverlässigkeit einnimmt, ergeben sich natürlich, wie angedeutet, Konsequenzen für unsere sozialhistorischen Fragestellungen. Wenn man die relevanten Passagen aus der Apostelgeschichte für unhistorisch, oder eher unhistorisch hält, dann gibt es auch keine (oder so gut wie keine) Zeugnisse für *ordo*-Angehörige unter den frühen Christen. Meine Auffassung ist dies nicht. Es geht natürlich nun nicht darum, die Glaubwürdigkeit der Texte in einem naiven Sinne zu beweisen. Man kann in den Geschichtswissenschaften letztlich nur von Wahrscheinlichkeiten und der Plausibilität von Argumenten sprechen. Wenn es möglich ist, textimmanente Angaben der Apostelgeschichte mit externen Daten zu verknüpfen, dann wäre dies, wenn auch sicher kein Beweis, so doch ein nicht unerhebliches Argument für die historische Plausibilität der Apostelgeschichte. Dies soll im Folgenden vor allem am Beispiel des Sergius Paullus vorgeführt werden.

4. *Ordo*-Angehörige unter den frühen Christen: Sergius Paullus (Apg 13,4–14)

Die einschlägige Passage ist Apg 13,4–14, die sogenannte Zypernmission und die Fortsetzung der Reise über Perge ins pisidische Antiochia. Die Passage enthält eine Reihe von Angaben, die auf spezifisches Wissen um lokale Gegebenheiten hinweisen, also auf das was man in den letzten Jahren „Lokalkolorit" genannt hat.[14] Es geht nun zum einen allgemein darum, Lokalkolorit aufzuzeigen, zum zweiten aber auch um die Konsequenzen für das Textverständnis.[15] Lokalkolorit zeigt sich zunächst darin, dass es auf Zypern laut 13,5 eine große jüdische Bevölkerung gegeben haben soll. Zahlreiche Quellen zeigen, dass Juden mindestens seit dem 3. Jh. v. Chr. auf Zypern lebten und zwar in außergewöhnlich großer

---

14 Ausführlich Weiß, Elite, 53–58.
15 Dazu Weiß, Elite, 43–50.

Zahl.[16] Paulus und Barnabas treffen den Prokonsul in Paphos und nicht im besser bekannten Salamis, wo ihn sicher jemand hätte auftreten lassen, der die Szene nur erfunden hätte. Der griechische Titel des Statthalters von Zypern, *anthypatos*, ist korrekt. Damit konnte man sich leicht vertun wie beispielsweise Tacitus, der Pontius Pilatus fälschlicherweise als *procurator Iudaeae* titulierte. Der jüdische Zauberer Bar-Jesus passt sehr gut in die Szenerie. Römische Magistrate hatten oftmals einen Zauberer jüdischer oder orientalischer Herkunft in ihrem Gefolge. Nach Plinius dem Älteren hat es auf Zypern eine Sekte jüdischer Magier gegeben.[17]

Damit zu dem Prokonsul selbst, Sergius Paullus, der aus einer wohlbekannten senatorischen Familie stammt. Diese Familie ist durch eine Reihe von Inschriften bezeugt, und natürlich ist die Frage schon lange gestellt worden, mit welchem der inschriftlich bezeugten Sergii Paulli der zyprische Statthalter aus der Apostelgeschichte zu identifizieren sei. Drei Inschriften, von denen zwei aus Zypern stammen, hat man hier immer wieder diskutiert.

Auf der ersten der beiden zyprischen Inschriften wird am Ende ein gewisser Paullus mit dem Titel eines *anthypatos*, eines Prokonsuls, erwähnt.[18] Die Inschrift hilft uns nicht sonderlich weiter. Zum einen ist es völlig unklar, ob es sich hier um einen Sergius Paullus handelt. Zum anderen gehört die Inschrift wahrscheinlich an den Anfang des 2. Jh.s und nicht in die Mitte des 1. Jh.s.

Der zweite Text stammt aus Chytri in Nordzypern.[19] Diese Inschrift erwähnt einen römischen Kaiser und einen Quintus Sergius. Ursprünglich dachte man, der Kaiser sei Claudius, der von 41–54 regierte, und Quintus Sergius sei unser Prokonsul aus der Apostelgeschichte. Das würde gut zur inhärenten Chronologie der Apostelgeschichte passen, nach der die Statthalterschaft des Sergius Paullus etwa in die Jahre zwischen 45–48 fällt. Mittlerweile neigt man allerdings zu der Annahme, dass der

---

[16] Phil. leg. ad Gai. 282; Ios. ant. 13,284; 1 Makk 15. Zu den Juden auf Zypern: van der Horst, Jews.
[17] Plin. nat. hist. 30,11.
[18] Zum Text der Inschrift zuletzt Mitford, Notes, 201–206 Nr. 1. Zur Diskussion um die Inschrift: Weiß, Elite, 57 f.
[19] AE (Année Épigraphique) 2005, 1552 mit Weiß, Elite, 58–62.

in der Inschrift erwähnte Kaiser Caligula ist, der von 37–41 herrschte, oder vielleicht sogar dessen Vorgänger Tiberius. Auf dieser Grundlage wollte Douglas Campbell kürzlich die Chronologie der Apostelgeschichte auf den Kopf stellen und behauptete, Paulus und Barnabas wären dem Prokonsul zur Zeit der Regierung des Caligula begegnet.[20] Diese These steht allerdings auf tönernen Füßen. Denn dieser Quintus Sergius muss nicht notgedrungen ein Sergius Paullus gewesen sein, und es steht auch nicht fest, ob er überhaupt als Statthalter fungierte. Wenn Campbell die Inschrift aus Chytri mit den Angaben der Apostelgeschichte ergänzt, um dann im nächsten Schritt mit ebendieser Inschrift die chronologische Unzuverlässigkeit der Apostelgeschichte zu erweisen, dann beißt sich die Katze gewissermaßen in den Schwanz.

Eine dritte Inschrift, die aus Rom stammt, ist weitaus vielversprechender.[21] Sie bezeugt einen L. Sergius Paullus wohl im prätorischen Rang als Mitglied des senatorischen Kollegiums der Tiberkuratoren. Die Inschrift gehört wohl in die Jahre 41/42, wozu sich eine etwa in den Jahren 45–48 anschließende Statthalterschaft dieses L. Sergius Paullus in der prätorischen Provinz Zypern sehr gut fügen würde. Ohne dass sich dies mit letzter Sicherheit beweisen lässt, ist es äußerst wahrscheinlich, dass der Tiberkurator L. Sergius Paullus mit dem Statthalter aus Apg 13 identisch ist.

Es lässt sich aber noch mehr zu den Sergii Paulli sagen. Wir können die Familie über vier oder vielleicht sogar fünf Generationen verfolgen.[22] Eine Inschrift aus Antiochia Pisidiae erwähnt einen Senator namens L. Sergius Paullus, vielleicht der Sohn oder der Enkel des Prokonsuls von Zypern.[23] Eine jüngst publizierte Inschrift, die ebenfalls aus Antiochia in Pisidien stammt, erwähnt die Schwiegermutter eines Sergius Paullus.[24] Diese beiden Inschriften lassen keinen Zweifel daran, dass das pisidische Antiochien die Heimatstadt der Sergii Paulli war.[25] Das heißt

---

[20] Campbell, Attestation.
[21] CIL (Corpus Inscriptionum Latinarum) VI 31545 mit Weiß, Sergius Paullus, und Ders., Elite, 62–66.
[22] Dazu Weiß, Elite, 66–75.
[23] AE 2002, 1457.
[24] AE 2002, 1458.
[25] Erst nach der Drucklegung von Weiß, Elite, fiel mir beim nochmaligen Durchblättern der Inschriften des pisidischen Antiochia eine Inschrift auf, welche die

weiterhin – und diesen Punkt kann man gar nicht deutlich genug betonen –, dass die Sergii Paulli eine der ersten Familien aus dem griechischen Ostteil des römischen Reiches waren, deren Mitglieder in den römischen Senat und damit in den *ordo senatorius* aufgestiegen sind. Ein weiteres sicheres Mitglied der Familie ist eine Sergia Paullina, die mit dem Konsul des Jahres 112, Cn. Pinarius Cornelius Severus, verheiratet war.[26] Das bekannteste und hochrangigste Mitglied der Familie ist ein L. Sergius Paullus, der wahrscheinlich um 135/7 zum ersten Mal Konsul war, im Jahre 168 das Konsulat zum zweiten Mal und ca. 167/8–179 das Amt des Präfekten der Stadt Rom bekleidete.[27] Durch einen weiteren epigraphischen Neufund, eine Grabinschrift, die ein L. Sergius Paullus seinem Freund, dem Ritter T. Severinius Victor, setzt, können wir die Familie nun sogar bis in das 3. Jh., also insgesamt über 200 Jahre, verfolgen.[28]

Wir haben es bei den Sergii Paulli also mit einer der prominentesten Familien des römischen Reiches zu tun. Damit kommen wir noch einmal zurück zu den Verbindungen zwischen den Sergii Paulli und Antiochia Pisidiae. Die Fortsetzung der ersten Missionsreise ist auf den ersten Blick einigermaßen ungewöhnlich. Von Paphos aus, so heißt es in Apg 13,13–

Karriere eines Senators verzeichnet, der nach der Rekonstruktion der Herausgeber das Prokonsulat der Provinz Cyprus bekleidet haben soll: Byrne/Labarre, inscriptions, Nr. 166. Der Name des Geehrten ist nicht erhalten und es wäre verlockend, hier den Namen des Sergius Paullus zu ergänzen, welcher dann mit dem Statthalter aus Apg 13 identifiziert werden könnte und wodurch wir dann auch einen inschriftlichen Beleg für einen Sergius Paullus als Statthalter von Zypern hätten. Die Rekonstruktion von Byrne/Labarre ist allerdings leider wohl unzutreffend, denn der unbekannte Senator war höchstwahrscheinlich kein Prokonsul, sondern ein nachgeordneter *legatus provinciae Cypri*, dazu Weiß, Kleinigkeiten Nr. 3.

[26] PIR² (Prosopographia Imperii Romani) S 542 mit den Belegen.
[27] Die Karriere dieses L. Sergius Paullus konnte in jüngster Zeit dank mehrerer neuer Militärdiplome genauer erschlossen werden – dazu Weiß, Elite, 70–72, mit Quellen und Literatur. Von der jüngst publizierten Bürgerrechtskonstitution für die syrischen Truppen, durch welche nun die Statthalterschaft dieses L. Sergius Paullus über die Provinz Syria in der ersten Hälfte der 140er Jahren belegt ist, wurde nach der Drucklegung meiner Arbeit bereits eine weitgehend identische zweite Kopie bekannt: Eck/Pangerl, Kopie, 253–257 Nr. 1.
[28] AE 2011, 267. Die AE 2011 erschien erst als meine Arbeit bereits im Druck war.

14, segelten Paulus und Barnabas nach Perge, hielten sich dort aber offensichtlich nicht länger auf, sondern reisten geradewegs über 200 km landeinwärts nach Antiochia in Pisidien. Warum? Sehr wahrscheinlich aufgrund der Verbindungen des zyprischen Statthalters Sergius Paullus in seine Heimatstadt. Der Prokonsul hat ihnen möglicherweise ein Empfehlungsschreiben mitgegeben, das ihnen dort die Türen öffnen sollte. Es ist meines Erachtens ein gewichtiges Argument für die historische Plausibilität der Passage, dass der Verfasser diese Verbindungslinien im Text überhaupt gar nicht klar macht. Man sieht sie nur, wenn man über den weiteren historischen Hintergrund Bescheid weiß. Es ist nicht einmal sicher, ob dem Verfasser der Apostelgeschichte diese Verbindung zwischen den Sergii Paulli und Antiochia selbst klar war. Man kann die Überlegungen aber vielleicht sogar noch weiter führen. Das nächste Ziel nach dem pisidischen Antiochia war Lykaonien. In dieser Richtung besaßen die Sergii Paulli ausgedehnte Ländereien, wie einige weitere Inschriften aus der Nähe des heutigen Sinanlı zeigen: Der Grabstein einer Sergia Tryphera, verheiratet mit einem Sergius Carpus, dem Verwalter eines Sergius Paullus;[29] der Grabstein, den Sergia Paullina für einen Apparitoren ihres Ehegatten errichten ließ;[30] und die Inschrift eines Lucius Sergius Corinthus, wohl ein Freigelassener eines der Lucii Sergii Paulli.[31]

Alles zusammen genommen dürfte deutlich geworden sein, dass dieser Abschnitt der Apostelgeschichte mehr als nur Lokalkolorit enthält. Wir haben externe Hinweise auf Sergius Paullus und seine Familie, die sich mit der Erzählung der Apostelgeschichte verbinden lassen. Der Autor der Apostelgeschichte verfügte somit über historisches Wissen über Sergius Paullus, wenn auch vielleicht nicht aus erster Hand. Was wir durch die Inschriften über die Person des Sergius Paullus wissen, erklärt meines Erachtens den Verlauf der sogenannten ersten Missionsreise, wie wir ihn in der Apostelgeschichte finden. Wenn dies richtig ist, kann man diesem Abschnitt und damit auch der Bekehrung des Sergius Paullus mit gutem Grund historische Plausibilität zusprechen. Gegen die Bekehrung des Sergius Paullus, um damit zu schließen, findet sich immer wieder der

---

[29] MAMA (Monumenta Asiae Minoris Antiqua) VII 321.
[30] RECAM (Regional Epigraphic Catalogues of Asia Minor) II 355 = MAMA VII 319.
[31] MAMA VII 486.

Einwand, es sei nirgends von einer Taufe des Sergius Paullus die Rede.[32] Wollte man das Argument gelten lassen, müsste man annehmen, dass sich auf der ersten Missionsreise niemand zum Christentum bekehrt hat.

5. Ordo-Angehörige unter den frühen Christen: Dionysios der Areopagite (Apg 17,16–34)

Verlassen wir nun Zypern und die Weiten Anatoliens und begeben uns in das Herz der griechischen Bildung, nach Athen. Dort kommt nach Apg 17,34 Dionysios der Areopagite zum Glauben. Die Athen-Erzählung ist der umstrittenste Abschnitt der Apostelgeschichte und die Rede des Paulus vor dem Areopag das Zentrum des Sturms. Ich möchte hier nur ein Argument für die Möglichkeit ins Feld führen, dass die Athen-Erzählung inklusive der Rede historisch plausibel ist. Dies bezieht sich auf die Rahmenerzählung. Dass diese reichlich Lokalkolorit enthält, wurde nie ernsthaft bestritten. Dies wurde aber zumeist als Kunstgriff angesehen, mit dem der Verfasser kurantes Wissen über eine der bekanntesten Städte der Antike einstreute. Das muss man nicht unbedingt so sehen, aber darum geht es im Folgenden auch gar nicht. Es soll hier kurz erläutert werden, warum Paulus denn überhaupt vor dem Areopag auftritt.

Nachdem Paulus, wahrscheinlich mehrere Tage lang, auf der Agora öffentlich über Jesus und die Auferstehung gelehrt hatte, stellen seine Zuhörer fest, dass er ein ξένων δαιμονίων καταγγελεύς zu sein scheint, ein Herold neuer Gottheiten (17,18). Sie führen ihn daraufhin vor den Rat des Areopags, vor dem er dann eine längere Rede hält (17,19 f. und 22). Sucht man bei Lukas nach einer Erklärung, warum Paulus denn nun ausgerechnet vor diesem Gremium auftreten und sprechen soll, so muss man auf Lukas' Anmerkungen in dem Einschub v. 21 verweisen. Lukas' Erläuterungen beziehen sich aber durchaus nicht auf die Körperschaft des Areopags und dessen Funktionen, sondern auf die sprichwörtliche Neugier der Athener. Sie hatten Lust an allem Neuen und deshalb wollten sie noch mehr von Paulus hören, so Lukas. Vergeblich sucht man bei ihm den verfassungsgeschichtlichen Hinweis auf die Kompetenzen des Areopags, der etwa folgendermaßen hätte lauten können: „Sie führten ihn vor

---

[32] Dazu Weiß, Elite, 77 mit Lit.

den Areopag, weil dieser als erste Instanz für die Einführung neuer Götter zuständig war". Genau das liest man bei Lukas nicht. Dies ist aber gleichsam der verfassungsrechtliche Grund für Paulus' Auftritt vor dem Areopag.

Historiker, die sich mit den Zuständigkeiten des Areopags oder der Einführung neuer Götter in Athen befasst haben, haben schon seit langem auf diesen rechtshistorischen Hintergrund von Apg 17,17–22 hingewiesen, zumeist *en passant*, bereits Graindor 1930 aber auch etwas ausführlicher[33]. Aber erst Bruce Winter ist diesem Zusammenhang weiter nachgegangen und hat das Auftreten des Paulus auf der Agora und vor dem Areopag konsequent vor diesem Hintergrund gedeutet.[34] Folgen wir Winter, dann stand Paulus vor dem Areopag zwar nicht unter Anklage vor einem Gericht, aber es handelte sich doch um ein in Ansätzen formalisiertes Verfahren.

Im ersten Jahrhundert war in Athen offenbar der Areopag zusammen mit dem Rat der 600 und der Volksversammlung für das Verfahren zur Einführung neuer Götter zuständig. Der Herold neuer Götter musste seinen Fall wohl dem Areopag als federführendes Gremium vortragen. Um die neuen Gottheiten in das athenische Pantheon aufzunehmen, musste möglicherweise die Frage beantwortet werden, ob es eine Epiphanie gegeben habe. Wurde die offizielle Anerkennung gewährt, musste gleichfalls entschieden werden, welche Ehren angemessen waren, wo Statuen, ein Altar und eventuell ein Tempel zu errichten waren, schließlich wann der jährliche Festtag zu feiern war. Wenn diese Rekonstruktion richtig ist, kann man möglicherweise sogar mit Winter die Rede des Paulus wenigstens partienweise als Antwort auf einen solchen Fragekatalog interpretieren. Damit soll nicht gesagt sein, Paulus hätte seine Rede auf diesen Aspekt beschränkt und diese wäre ausschließlich vor der Folie eines Prüfungsverfahrens zu verstehen. Es soll auch nicht behauptet werden, Paulus wäre bestrebt gewesen, die Erwartungshaltung seiner Zuhörer zu erfüllen. Es ergibt sich aber eine Reihe von Kongruenzen zwischen dem anzunehmenden Fragekatalog und dem Inhalt der Rede.

Vor diesem Hintergrund dürfte sich bei den Zuhörern relativ frühzeitig eine gewisse Unsicherheit eingestellt haben, ob es sich hier tatsäch-

---

[33] Graindor, Athènes, 67.123 f.
[34] Winter, Introducing.

lich um eine neue Gottheit handele, wenn Paulus ihnen darlegt (v. 23), der Gott, den er verkünde, würden die Athener bereits verehren (εὐσε-βεῖτε), wenn sie auch ohne Erkenntnis geblieben wären (ἀγνοοῦντες). Die Frage nach einem Tempel wird in v. 24 beantwortet: Dieser Gott wohnt nicht in von Menschenhänden gemachten Tempeln. Dieser Gott benötigt laut Paulus überhaupt nichts von menschlicher Hand (v. 25), er bedarf also auch keiner Feste und Opfer. Eine Theophanie ist offenbar auch nicht notwendig, denn diese Gottheit ist den Menschen nahe (vv. 27. 28). Die Frage der Statuenaufstellung, so sie sich noch gestellt hat, wird in v. 28 endgültig erledigt.

Man kann somit die Areopagrede bis zu einem gewissen Grad als Reflex des Fragekatalogs interpretieren, nach dem der Areopag über die Anerkennung einer neuen Gottheit entschied, denn Paulus' Rede nimmt durchaus Bezug auf eine Reihe von Kriterien, die zu erfüllen waren. Dieser Bezug wird in der Darstellung des Lukas nicht deutlich herausgearbeitet. Warum er vor den Areopag geführt wird, dürfte dem Redner der Areopagitica sicher bewusst gewesen sein, dem Erzähler möglicherweise nicht mehr, zumindest streicht er diesen Zusammenhang nicht heraus. Die Zuständigkeit des Areopags für das Verfahren zur Einführung neuer Götter ist aber die plausibelste Erklärung für den Auftritt des Paulus vor dem Rat. Trifft dies zu, dann gehören die Rahmenerzählung und die Areopagrede eng zusammen und es spricht vieles dafür, dass die Athen-Erzählung ihre Wurzeln in historischen Ereignissen gezogen hat.

Es ist noch auf einen Einwand einzugehen, den man vor allem aus althistorischer Sicht vorbringen könnte: Ist es überhaupt angemessen, Dionysios als *ordo*-Angehörigen aufzufassen? Besteht hier nicht ein Kategorienfehler, da der *ordo decurionum* als Organisationseinheit auf lokaler Ebene doch eine genuin lateinische Institution ist, während wir uns in Athen selbstredend in einer durch und durch griechischen Stadt befinden und der Areopag eine altehrwürdige athenische Institution darstellte?

Im Grunde fungierte der Areopag im 1. Jh. n. Chr. als Äquivalent eines *ordo decurionum*:[35]
– Der Areopag setzte sich aus ehemaligen Magistraten zusammen, vor allem, aber nicht nur, aus den ehemaligen Archonten.

---

[35] Dazu Geagan, Ordo; vgl. auch Oliver, Marcus Aurelius, 27 f. 58.

- Ein Areopagite musste, im Gegensatz zu einem Mitglied des athenischen Rats der 500, den Nachweis der freien Herkunft über drei Generationen erbringen.
- Die Zahl der Mitglieder des Areopags belief sich wahrscheinlich auf ungefähr 100, was etwa der Größe eines Stadtrates in den lateinischen Munizipien und Kolonien entsprach.
- Zur Aufnahme in den Areopag war möglicherweise eine *summa honoraria* zu zahlen.

Bereits Cicero setzte den Areopag mit dem römischen Senat gleich und stellte fest, der Areopag sei die regierende Körperschaft Athens; ähnlich äußert sich in späterer Zeit Aelius Aristides[36]. Man kann angesichts dessen mit gutem Grund behaupten, dass Dionysios zur sozialen Elite Athens zu zählen ist. Als Areopagite gehörte er dem politisch führenden Gremium Athens an, das auch über die Stadt hinaus hohes Ansehen genoss.

Zahlreiche Areopagiten kennen wir namentlich aus athenischen Inschriften. Können wir Dionysios in irgendeinem dieser Dokumente identifizieren? Leider nicht, aber es soll dennoch auf einen Text aufmerksam gemacht werden, ein Ephebenkatalog, der in die Jahre 61/62 n. Chr. datiert werden kann und damit etwa zehn Jahre später anzusetzen ist als der Aufenthalt des Paulus in Athen, der wohl in die Jahre 50/51 fällt[37]. Der Text nennt einige Epheben „Areopagiten", was selbst führende Epigraphiker zu der Annahme verleitet hat, hier sei von einer Unterkommission des Areopags die Rede. Die richtige Erklärung hatte bereits Graindor geboten.[38] Die Epheben trugen als aristokratische Nachwuchsorganisation, die auf das politische Leben vorbereiten sollte, Titel, die von den Bezeichnungen athenischer Ämter abgeleitet waren: Strategos, Archon etc., und eben Ἀρεοπαγίτης. In unserem Kontext ist von Interesse, dass sich unter diesen ephebischen Areopagiten zwei befinden, deren Väter den Namen Dionysios trugen. In einem Fall wurde der Name vom Vater dem Sohne vererbt, wie sich das in sozial höherrangigen Familien oftmals findet. Es handelt sich um einen Zenon, Sohn des Dionysios, aus

---

[36] Cic. Att. 1,14,5; Cic. nat. deor. 2,29,74; 43. Ael. Aristid. Panath. 252 (ed. Oliver).
[37] IG (Inscriptiones Graecae) II² 1990.
[38] Graindor, Athènes, 66.89 f., der die Inschrift noch nach der alten Ausgabe IG III 1085 zitiert.

einer der Demen namens Potamos, sowie um einen Dionysios, Sohn des Dionysios, aus der Deme Kydathenaion. Es ist zu vermuten, dass die beiden Väter namens Dionysios Angehörige des Rates des Areopags waren, angesichts der Datierung der Inschrift (61/62) ist es sogar möglich, dass einer von ihnen identisch ist mit dem Dionysios aus Apg 17,34. Dies ist natürlich bloß eine Möglichkeit, und es soll hier keine vorschnelle Identifizierung vorgeschlagen werden. Aber immerhin ist es eine Möglichkeit, und wer Dionysios den Areopagiten in der Apostelgeschichte für ein ausschließlich literarisches Phantasieprodukt hält, der muss sich durch die genannte Inschrift wenigstens daran erinnern lassen, dass wir möglicherweise gar nicht so weit entfernt sind von einer historischen Person, deren Lebenszeit sich zu großen Teilen deckt mit der Zeit, in welcher die ‚literarische Figur' auftritt. Schon Harnack hat die Vermutung geäußert, dass Personen wie der für den Gang der Erzählung „sehr unbedeutende" Dionysios von Lukas allein deswegen genannt werden, weil sie den ersten Lesern bekannt waren.[39]

6. Ordo-Angehörige unter den frühen Christen: Erastos (Röm 16,23)

Da es in diesem Beitrag um sozialgeschichtliche Aspekte der *Apostelgeschichte* geht, soll auf den dritten Kandidaten für *ordo*-Zugehörigkeit unter den ersten Christen, Erastos, den *oikonómos tês póleôs* in Korinth (Röm 16,23), nicht weiter eingegangen werden. Kurz gefasst ist auch er mit hoher Wahrscheinlichkeit als *ordo*-Angehöriger anzusehen. Die inschriftlichen Belege für *oikonómoi tês póleôs* zeigen hinsichtlich ihrer chronologischen Verteilung insofern eine deutliche Auffälligkeit, als es sich bis in das 1. Jh. n. Chr. durchweg um Magistrate handelt, während öffentliche Sklaven mit der Funktionsbezeichnung *oikonómos tês póleôs* erst ab dem 2. Jh. n. Chr. belegt sind. Demzufolge dürfte auch Paulus, als er Erastos in seinem in den 50er Jahren in Korinth geschriebenen Römerbrief mit diesem Titel belegte, eine Magistratur vor Augen gestanden haben. Die Frage ist welche, denn in der römischen *colonia* Korinth herrschte Latein als Amtssprache, die Ämter in der Stadt trugen somit lateinische Titel, keine griechischen. Da es in Korinth nur zwei lokale

---

[39] Harnack, Apostelgeschichte, 107 f.

Ämter gab, die Ädilität und das Duumvirat, und für Letzteres eine griechische Übersetzung mit *oikonómos tês póleôs* nicht nur ungewöhnlich, sondern auch unpassend wäre, wird man am ehesten annehmen dürfen, dass Erastos das Amt des Ädilen bekleidet hat[40].

7. Soziale Stigmatisierung als Hinderungsgrund für den Übertritt zum Christentum

Wenn dies alles richtig ist, haben wir in der Tat drei Personen, die im Neuen Testament erwähnt werden und die wir als christliche *ordo*-Angehörige und somit als Mitglieder der sozialen Elite des römischen Reiches auffassen können. Es gibt aber nun abgesehen von den exegetischen und hermeneutischen Problemen, die wir kurz behandelt haben, weitere fundamentale Einwände gegen die Annahme, dass *ordo*-Angehörige sich in der Frühzeit zum Christentum bekehrt hätten. Diese finden sich vor allem in der „Urchristliche(n) Sozialgeschichte" der Gebrüder Stegemann, aber auch bei anderen.[41] Hier soll nur ein Einwand herausgegriffen werden.

Die soziale Stigmatisierung, heißt es, hätte die *ordo*-Angehörigen davon abgehalten, sich dem Christentum zuzuwenden, und es sei unvorstellbar, dass die sozial hochrangigen *ordo*-Angehörigen, für die ihr sozialer Status von solch immenser Bedeutung war, sich einer solch obskuren Gruppierung wie den Christen angeschlossen hätten, deren Gründer noch dazu den schändlichen Tod am Kreuz gestorben sei. Es soll gar nicht bestritten werden, dass dies in der Tat ein gewaltiges Problem für die *ordo*-Angehörigen darstellte, möglicherweise sogar das Haupthindernis für *or-*

---

[40] Ausführlich dazu Weiß, Elite, 106–151. Für dieses Ergebnis ist es übrigens völlig unerheblich, ob der Erastos des Römerbriefes identisch ist mit dem auf einer vieltraktierten korinthischen Inschrift genannten Ädilen Erastus. In der Frage der Identität der beiden Erasti ist letztlich keine sichere Entscheidung möglich, man kann sie weder mit Sicherheit erweisen, noch mit Sicherheit bestreiten, so dass hier zumindest nur die Flucht in den Agnostizismus bleibt.

[41] Stegemann/Stegemann, Sozialgeschichte, 260.266.269; Theißen, Setting, 251.256; Ders., Zeichenwelt, 120.

do-Angehörige, um Christen zu werden.[42] Aber: Das ändert nichts an der Möglichkeit, dass einige wenige dennoch den Schritt wagten und sich zum Christentum bekehrten. Laut Stegemann/Stegemann und Theißen gab es im 1. und frühen 2. Jh. unter den *ordo*-Angehörigen bestenfalls Sympathisanten.[43] Das ist meiner Meinung nach eine eher dogmatische und auch modernistische Sichtweise. Dabei wird die Tatsache übersehen, dass in den ersten drei Jahrhunderten, also vor Konstantin, das Sozialprestige der Christen durchweg miserabel war, dass wir aber dennoch seit dem späten 2. Jh. eine stetig steigende Zahl von Belegen für *ordo*-Angehörige unter den Christen besitzen. Die Zahlen steigen bis Konstantin zwar nur sehr langsam, aber niemand bestreitet das historische Phänomen an sich. Ein Beispiel soll an dieser Stelle genügen.[44]

So gibt es keinen Zweifel, dass führende Senatoren in den Verfolgungen des späten 3. und frühen 4. Jahrhunderts ihr Leben ließen. Zwei metrische Inschriften aus dem 4. Jh. ehren einen gewissen Liberalis als Konsul und Märtyrer. Die genaue Datierung des Konsulates und des Märtyrertodes des Liberalis ist unklar, aber sein Tod fällt sicher in vorkonstantinische Zeit[45]. Es gibt daneben reichlich Hinweise auf christliche Dekurionen im 3. Jh.

8. Schlussfolgerungen

Welche Schlussfolgerungen sind daraus zu ziehen? Zum ersten: Es gab ganz offensichtlich christliche Angehörige der drei führenden *ordines*, ehe das Christentum durch Konstantin offiziell toleriert wurde. Und das, zum zweiten, obwohl eine Bekehrung zum Christentum für die *ordo*-Angehörigen in den ersten drei Jahrhunderten gravierende Folgen hatte aufgrund der sozialen Stigmatisierung und der prekären juristischen Lage, die nicht nur erst im 4. Jh. endete, sondern sich im Verlauf des 3. Jh.s

---

[42] Dazu Eck, Eindringen, 404–406. Zur Bedeutung von Status und Prestige s. jetzt auch Kuhn, Status.
[43] Stegemann/Stegemann, Sozialgeschichte, 265; Theißen, Structure, 78.
[44] Ausführlich Weiß, Elite, 188–208.
[45] CIL VI 41434 = ILCV (Inscriptiones Latinae Christianae veteres) 56–57 mit Eck, Senatorenstand, 389.

durch nun zentral gesteuerte anti-christliche Maßnahmen auch noch erheblich verschlechterte. Kehren wir nun mit diesen Ergebnissen zu unseren neutestamentlichen Texten zurück und zu der Frage, ob es schon im 1. Jh. *ordo*-Angehörige unter den Christen gegeben haben kann. Es dürfte ersichtlich geworden sein, dass die sozialhistorischen Einwände gegen die Existenz von *ordo*-Angehörigen unter den ersten Christen nicht stichhaltig sind. Warum sollte die Bekehrung von *ordo*-Angehörigen zum Christentum im 1. Jh. unmöglich sein, wo sie doch für das 2. und 3. Jh. unter weitaus schlechteren Bedingungen als zweifelsfrei erwiesen anzusehen ist? Meines Erachtens spricht somit nichts grundsätzlich dagegen, dass sich auch schon im 1. Jh. *ordo*-Angehörige zum Christentum bekehrten. Ist das richtig, ergeben sich eine Reihe von Konsequenzen für die Debatte um die soziale Zusammensetzung der frühen christlichen Gemeinden.

1) Entgegen der Annahme der meisten *new consensus*-Vertreter, dass die frühen christlichen Gemeinden in ihrer Zusammensetzung einen Querschnitt durch die Gesellschaft ihrer Zeit mit Ausnahme der Spitze der Gesellschaft böten, wird man annehmen dürfen, dass einige der ersten Christen sehr wohl der sozialen Elite angehörten.

2) Diese gehörten aber nicht zur „Peripherie der lokalen Oberschicht", wie Theißen angenommen hat, sondern die drei Kandidaten Sergius Paullus, Dionysios und Erastos kamen aus dem Zentrum der sozio-politischen Elite des 1. Jh.s.

3) Damit ist auch Meeks' und Theißens Theorie infrage gestellt, dass die christlichen Gemeinden gerade diese präsumtiven Personen aus der „Peripherie" anzogen, die in den Gemeinden die soziale Anerkennung fänden, welche ihnen die weltliche Gesellschaft verweigerte. Diese Theorie lässt sich auf die *ordo*-Angehörigen nicht anwenden. Diese besaßen, abgesehen vom Kaiserhaus, das höchste Prestige innerhalb der römischen Gesellschaft. Die *ordo*-Angehörigen litten nicht unter Statusdissonanzen innerhalb des römischen Gesellschaftsgefüges, deswegen konnte ihre Bekehrung zum Christentum auch nicht dadurch motiviert sein, dass sie mit diesem Schritt den mutmaßlichen Statusdissonanzen entkommen wollten.

4) Meeks' und Theißens Theorie basiert auf der Annahme, dass es irgendeinen sozialen Gewinn für Personen aus höheren Kreisen geben musste, irgendeine Form eines sozialen Anreizes, der sie bewegen konn-

te, Christen zu werden. Für die nachkonstantinische Zeit stimmt das wahrscheinlich. Für die vorkonstantinische Zeit ist meines Erachtens das Gegenteil richtig. Die *ordo*-Angehörigen wandten sich nicht dem Christentum zu, um irgendwelche sozialen Defizite zu kompensieren, unter denen sie litten. Sie konnten sich von diesem Schritt keinen sozialen Gewinn erhoffen. Ganz im Gegenteil, eine Konversion zum Christentum hatte wahrscheinlich zur Folge, dass ihr sozialer Status erheblich vermindert wurde oder dass sie ihn möglicherweise komplett einbüßten. Die *ordo*-Angehörigen wandten sich nicht dem Christentum zu, um ihren sozialen Stand zu verbessern, sondern sie riskierten mit diesem Schritt ihr hohes soziales Ansehen. Die radikalste Möglichkeit, das Ansehen zu verlieren, bestand darin, das eigene Leben zu verlieren, eine Möglichkeit, zu der, wie wir gesehen haben, sogar Konsuln bereit waren.

Warum also bekehrten sich *ordo*-Angehörige zum Christentum? Soziologische Erklärungsmuster entfallen meines Erachtens für diese gesellschaftliche Gruppe. Die Gründe mögen vielleicht eher etwas mit dem Inhalt der christlichen Botschaft zu tun haben und mit persönlichen Beweggründen, über die uns die Quellen allerdings weitestgehend im Dunkeln lassen.

Literatur

Géza Alföldy: Römische Sozialgeschichte, 4. Aufl., Stuttgart 2011.
James H. Oliver: Marcus Aurelius. Aspects of Civic and Cultural Policy in the East, HespS 13, Princeton 1970.
Cilliers Breytenbach: Paulus und Barnabas in der Provinz Galatien. Studien zu Apostelgeschichte 13f.; 16,6; 18,23 und den Adressaten des Galaterbriefes, AGJU 38, Leiden u. a. 1996.
Maurice A. Byrne/Guy Labarre: Nouvelles inscriptions d'Antioche de Pisidie d'après les Note-books de W. M. Ramsay, IK 67, Bonn 2006.
Douglas A. Campbell: Possible Inscriptional Attestation to Sergius Paul[l]us (Acts 13:6–12), and the Implications for Pauline Chronology, in: JThS 56 (2005), 1–29.
Hans Conzelmann: Rez. zu W. Gasque, A History of the Criticism of the Acts of the Apostles, in: Erasmus 28 (1976) 65–68.
Gustav A. Deißmann: Licht vom Osten, Tübingen 1908 (4. Aufl. 1923).
Martin Dibelius: Aufsätze zur Apostelgeschichte, 5. Aufl., Göttingen 1968 (1951).
Werner Eck: Das Eindringen des Christentums in den Senatorenstand bis zu Konstantin d. Gr., in: Chiron 1 (1971), 381–406.

Werner Eck/Andreas Pangerl: Eine zweite Kopie der Konstitution für die Truppen Syriens vom 19. März 144 und ein Diplom für die equites singulares vom selben Datum, in: ZPE 193 (2015), 253–260.

Jörg Frey: Fragen um Lukas als ‚Historiker' und den historiographischen Charakter der Apostelgeschichte. Eine thematische Annäherung, in: Ders./Clare K. Rothschild/Jens Schröter (Hgg.), Die Apostelgeschichte im Kontext antiker und frühchristlicher Historiographie, BZNW 162, Berlin/New York 2010, 1–26.

W. Ward Gasque: A History of the Criticism of the Acts of the Apostles, BGBE 17, Grand Rapids 1975.

Daniel J. Geagan: Ordo Areopagitorum Atheniensium, in: Donald William Bradeen/ Malcolm Francis McGregor, ΦΟΡΟΣ: Tribute to Benjamin Dean Meritt, New York 1974, 51–56.

Paul Graindor: Athènes de Tibère à Trajan, Kairo 1931.

Adolf von Harnack: Die Apostelgeschichte, Leipzig 1908.

Colin J. Hemer: The Book of Acts in the Setting of Hellenistic History, WUNT 49, Tübingen 1989.

David G. Horrell: Social-Scientific Interpretation of the New Testament. Retrospect and Prospect, in: Ders. (Hg.), Social-Scientific Approaches to New Testament Interpretation, Edinburgh 1999, 3–27.

Pieter W. van der Horst: The Jews of Ancient Cyprus, in: Ders., Jews and Christians in their Graeco-Roman Context. Selected Essays on Early Judaism, Samaritanism, Hellenism, and Christianity, WUNT 196, Tübingen 2006, 28–36.

François Jacques/John Scheid: Rom und das Reich in der Hohen Kaiserzeit 44 v. Chr.–260 n. Chr. I. Die Struktur des Reiches, Stuttgart/Leipzig 1998.

Jacob Jervell: Die Apostelgeschichte, KEK 3, 17./1. Aufl., Göttingen 1998.

Edwin A. Judge: The Social Pattern of the Christian Groups in the First Century. Some Prolegomena to the Study of New Testament Ideas of Social Obligation, London 1960.

Edwin A. Judge: Christliche Gruppen in nichtchristlicher Gesellschaft. Die Sozialstruktur christlicher Gruppen im ersten Jahrhundert, Wuppertal 1964.

Edwin A. Judge: Social Distinctives of the Christians in the First Century: Pivotal Essays, Peabody/Massachusetts 2008.

Edwin A. Judge: The First Christians in the Roman World. Augustan and New Testament Essays, WUNT 229, Tübingen 2008.

Annika B. Kuhn (Hg.): Social Status and Prestige in the Graeco-Roman World, Stuttgart 2015.

Daniel Marguerat: Wie historisch ist die Apostelgeschichte?, in: ZNT 18 (2006), 44–51.

Wayne A. Meeks: The First Urban Christians. The Social World of the Apostle Paul, New Haven 1983.

Terence B. Mitford: Notes on Some Published Inscriptions from Roman Cyprus, in: ABSA 42 (1947), 201–230.

Peter Pilhofer: Was wußte Lukas über das pisidische Antiochien?, in: Ders., Die frühen Christen und ihre Welt. Greifswalder Aufsätze 1996–2001. Mit Beiträgen von J. Börstinghaus und E. Ebel, WUNT 145, Tübingen 2002, 113–122.

Ekkehard W. Stegemann/Wolfgang Stegemann: Urchristliche Sozialgeschichte. Die Anfänge im Judentum und die Christusgemeinden in der mediterranen Welt, 2. Aufl., Stuttgart u. a. 1997.

Gerd Theißen: The Social Structure of Pauline Communities. Some Critical Remarks on J. J. Meggitt, Paul, Poverty and Survival, in: JSNT 84 (2001), 65–84.

Gerd Theißen: The Social Setting of Pauline Communities, in: Stephen Westerholm (Hg.), The Blackwell Companion to Paul, Malden, MA u. a. 2011.

Gerd Theißen: Von Jesus zur urchristlichen Zeichenwelt. „Neutestamentliche Grenzgänge" im Dialog, NTOA 78, Göttingen 2011.

Anthony C. Thiselton: The First Epistle to the Corinthians. A Commentary on the Greek Text, Grand Rapids 2000.

Friedrich Vittinghoff: Gesellschaft, in: Ders. (Hg.), Europäische Wirtschafts- und Sozialgeschichte in der römischen Kaiserzeit (HEWSG 1), Stuttgart 1990, 161–369.

Alexander Weiß: Sergius Paullus, Statthalter von Zypern, in: ZPE 169 (2009), 188–192.

Alexander Weiß: Soziale Elite und Christentum. Studien zu ordo-Angehörigen unter den frühen Christen, Millenium-Studien 52, Berlin/Boston 2015.

Alexander Weiß: Epigraphische Kleinigkeiten, in: ZPE 204, 2017, 238–240.

Alexander Weiß: Deissmann und die Unterschichtenthese, in: Cilliers Breytenbach/Christoph Markschies (Hgg.), Adolf Deissmann – ein (zu Unrecht) fast vergessener Theologe und Philologe (im Druck).

Bruce W. Winter: On Introducing Gods to Athens. An Alternative Reading of Acts 17:18–20, in: TynB 47 (1996), 71–90.

Das Kapital des Paulus.
Ein Beitrag zur sozialhistorischen Plausibilität der Apostelgeschichte

Michael Rydryck

1. Die soziale Verortung des Paulus – eine Problemanzeige

Exegetisches und historisches Fragen beginnt oft mit der Wahrnehmung einer Leerstelle, so auch hier: In Rainer Metzners prosopographischem Kommentar zu den *Prominenten im Neuen Testament* fehlt in dem mit Abstand umfassendsten Abschnitt, der sich mit der Apostelgeschichte befasst, ein Kapitel zu Saulus, der ab Apg 13,9 auch Paulus genannt wird.[1] Dieser Befund bedarf meines Erachtens einer Erklärung.

Metzner entwickelt in seiner Einleitung einen Begriff von Prominenz, den er an sozialhermeneutische Kategorien wie Schichtzugehörigkeit, Anerkennung, regionale Bekanntheit und öffentliche Bedeutung zurückbindet.[2] Zugleich nimmt er Personen aus, die seines Erachtens erst „in der christlichen Sozialgeschichte im engeren Sinne *prominent* geworden sind, z. B. Johannes der Täufer, Jesus von Nazareth, Maria (die Mutter Jesu), Maria Magdalena, die Jünger, der Herrenbruder Jakobus, Philippus, Paulus, Barnabas, Apollos, Silas, Timotheus, Titus usw."[3] Ihre Bedeutung sei das Produkt einer fortschreitenden christlichen Rezeptionsgeschichte.

Mag man der von Metzner in diesem Zusammenhang getroffenen namentlichen Auswahl in weiten Teilen auch zustimmen, so überrascht es doch, die Namen von Johannes dem Täufer und Paulus hier aufgezählt

---

[1] Vgl. Metzner, Die Prominenten im Neuen Testament, 340–555. Erstaunlich ist in diesem Zusammenhang auch, dass in dem von Hoppe und Köhler herausgegebenen Band zum Paulusbild der Apostelgeschichte prosopographische respektive sozialhermeneutische Analysen weitgehend fehlen (vgl. Hoppe/Köhler, Das Paulusbild der Apostelgeschichte). Hier erscheint Saulus/Paulus primär als Figur einer Glaubens-, nicht jedoch einer konkreten Lebenswelt.
[2] Vgl. Metzner, Die Prominenten im Neuen Testament, 16–21.
[3] Metzner, Die Prominenten im Neuen Testament, 21.

zu finden. Johannes dem Täufer wird man nach Ausweis der neutestamentlichen Quellen zumindest eine „Lokalprominenz"[4] im Sinne Metzners zubilligen müssen, die zunächst wohl unabhängig von seiner christlichen Rezeption und Vereinnahmung bestanden hat (vgl. Mk 1,4–8; Mt 3,1–12; Lk 3,1–20; Joh 1,19–28).

Auch Saulus/Paulus tritt in der Apostelgeschichte nicht erst als Christus-Anhänger in Erscheinung. Vielmehr erfährt der Leser noch vor dem Berufungserlebnis in Apg 9, dass Saulus zum einen offenbar über Zugang zum Jerusalemer Hohepriester (Apg 9,1) und zum anderen über regionale Verbindungen und die Möglichkeit zu reisen verfügte (Apg 9,2–3). Im weiteren Verlauf der Apostelgeschichte kommen zudem der Besitz des römischen Bürgerrechts (Apg 16,37) sowie die intellektuelle Ausbildung fern seiner Heimatstadt Tarsus (Apg 22,3), in der er auch das Bürgerrecht innehatte (Apg 21,39), zur Sprache. All dies hebt Saulus aus dem von Metzner aufgeführten Personenkreis heraus und verweist auf eine zumindest regionale prosopographische Bedeutung des Saulus noch vor Beginn seiner christlichen Berufungs- und Rezeptionsgeschichte. Saulus war, folgt man der Darstellung der Apostelgeschichte, ein tarsischer Jude, mit lokalem und mit römischem Bürgerrecht, einer pharisäischen Bildung und ausgestattet mit Verbindungen zur Jerusalemer Tempelaristokratie – im Jerusalem der frühen Kaiserzeit sicherlich kein gewöhnlicher Mann.

War Saulus in Metzners Sinn also doch prominent, d. h. prosopographisch relevant? Nimmt man die bereits im Jahr 1973 geäußerte Analyse der Sozialstruktur früher Christus-Anhänger von Martin Hengel ernst, wird man sich dieser Möglichkeit nicht vollkommen verschließen dürfen: „Im Grunde gilt schon für die Missionsgründungen des Völkerapostels, was zwei Generationen später der jüngere Plinius als Statthalter des kleinasiatischen Bithyniens an Kaiser Trajan schreibt, daß „viele ... *jeden Standes* ... jetzt und in Zukunft (durch den neuen „Aberglauben") gefährdet sind" (multi enim ... *omnis ordinis* ... vocantur in periculum et vocabuntur) Daß heißt Glieder der christlichen Gemeinden fanden sich in *allen* Bevölkerungsschichten, vom Sklaven und Freigelassenen bis zur örtlichen Aristokratie, den Dekurionen, ja u. U. bis zum senatorischen

---

[4] Vgl. Metzner, Die Prominenten im Neuen Testament, 19.

Adel."[5] Diese sozialhermeneutische Einschätzung Hengels wurde in jüngster Zeit wieder affirmativ in der neutestamentlichen Wissenschaft aufgegriffen[6] und – gerade für das obere Spektrum der Sozialstruktur – von althistorischer Seite plausibilisiert.[7]

Vor diesem Hintergrund und mit Blick auf die sozialhermeneutische Verortung des Saulus anhand der neutestamentlichen Quellentexte konstatiert die klassisch zu nennende sozialgeschichtliche Darstellung des frühen Christentums von Ekkehard und Wolfgang Stegemann eine Diskrepanz, wenn nicht ein Dilemma: Auf der einen Seite weise die Apostelgeschichte Paulus als einen Angehörigen der sozialen Elite von Tarsus und damit als Angehörigen der kaiserzeitlichen Oberschichten aus.[8] Auf der anderen Seite zeichneten die brieflichen Selbstzeugnisse des Paulus das Bild eines Angehörigen „der Unterschicht oberhalb des Existenzminimums"[9]. Das Dilemma wird gelöst, indem Stegemann/Stegemann Vermögen und römisches Bürgerrecht des Paulus und damit den Quellenwert der Apostelgeschichte zumindest in diesem Punkt bestreiten. Paulus und die Angehörigen seiner Gemeinden entstammten nach Stegemann/Stegemann – entgegen dem Zeugnis der Apostelgeschichte – der Gruppe der „relativ Armen bzw. relativ Wohlhabenden" innerhalb der Unterschicht:[10] „Der historische Paulus war weder römischer noch tarsischer Bürger. […] Zu den paulinischen Gemeinden hat kein *ordo*-Mitglied aus der Gruppe der Oberschicht gehört."[11]

Die Studien des Althistorikers Alexander Weiß konnten jedoch zeigen, dass die Frage nach der *ordo*-Zugehörigkeit früher Christus-Anhänger weniger apodiktisch und keineswegs negativ abzuhandeln ist[12] – und zwar sowohl mit Blick auf die Darstellung der Apostelgeschichte als auch mit Blick auf die paulinischen Briefe. Demnach lassen sich mit sozialhis-

---

5   Hengel, Eigentum und Reichtum in der frühen Kirche, 44–45.
6   Vgl. Alkier/Kessler/Rydryck, Wirtschaft und Geld, 135–139.
7   Vgl. Weiß, Soziale Elite und Christentum; sowie den Beitrag von Weiß in diesem Band.
8   Vgl. Stegemann/Stegemann, Urchristliche Sozialgeschichte, 256–258.
9   Vgl. Stegemann/Stegemann, Urchristliche Sozialgeschichte, 258–259. Hier ebd. 259.
10 Vgl. Stegemann/Stegemann, Urchristliche Sozialgeschichte, 260.
11 Stegemann/Stegemann, Urchristliche Sozialgeschichte, 260.
12 Vgl. Weiß, Soziale Elite und Christentum, 29–154.209–216.

torischen Argumenten die von Stegemann/Stegemann prominent vorgetragene sozialhermeneutische Verortung des Saulus, die Orientierung an der Dichotomie von Oberschicht und Unterschicht sowie die negative Beurteilung des Quellenwertes der Apostelgeschichte in Zweifel ziehen. Entscheidend für die Bewertung dieser Aspekte sind meines Erachtens die zugrunde gelegten sozialhermeneutischen Modelle und deren heuristische Implikationen.

2. Sozialhermeneutische Modellbildungen

2.1. Dichotomische Modelle: Oberschicht und Unterschichten

Die *Urchristliche Sozialgeschichte* von Stegemann/Stegemann orientiert sich in ihren Sozialanalysen an dichotomischen Modellbildungen. Das Ergebnis ist der Entwurf einer zweigeteilten, pyramidalen Sozialstruktur: Einer kleinen Oberschicht an der Spitze der Gesellschaft stehen die breiten Massen der Unterschichten gegenüber, die sich allenfalls als „Gefolgsleute" der Oberschicht aus ihrer Existenz knapp ober- („relativ Arme" bzw. „Wohlhabende") oder unterhalb („absolut Arme") des Existenzminimums lösen können.[13] Die frühen Christus-Anhänger sind für Stegemann/Stegemann weder den „absolut Armen" noch der Oberschicht zuzuordnen, sondern rekrutieren sich aus der breiten und heterogenen Masse der „relativ Armen" und leidlich „Wohlhabenden", bisweilen mögen sich, zunehmend im Zuge der paulinischen Mission und in den hellenistischen Städten, auch Angehörige aus der Gruppe der „Gefolgsleute" dem Christentum zugewandt haben.[14]

Als sozialhermeneutische Zuordnungskriterien gelten Stegemann/Stegemann Besitz, Privilegien, Prestige und die Teilhabe an politischer Macht.[15] Wer diese Kriterien in ausreichendem Maße erfüllt, lässt sich, wie das Kaiserhaus, die Senatoren und Ritter sowie die Lokalaristokratie und die Dekurionen, der Oberschicht zuordnen. Wer, wenn überhaupt,

---

13 Vgl. Stegemann/Stegemann, Urchristliche Sozialgeschichte, 70–94.
14 Vgl. Stegemann/Stegemann, Urchristliche Sozialgeschichte, 177–181.201–204. 249–271.
15 Vgl. Stegemann/Stegemann, Urchristliche Sozialgeschichte, 64–70.

an Macht, Besitz, Privilegien und Prestige nur in geringerem Ausmaß partizipiert, wie Soldaten, Bauern, Handwerker, Händler, Sklaven, etc., muss demgemäß den Unterschichten zugerechnet werden.[16] Die Existenz von Mittelschichten sei dagegen zu verneinen.[17]

Dieses trotz seiner differenzierten Detailanalysen dichotomische Gesellschaftsmodell basiert auf den sozialhistorischen Arbeiten und Modellbildungen des Althistorikers Géza Alföldy.[18] Dieser hat für die römisch-hellenistische Sozialgeschichte der frühen Kaiserzeit eine pyramidale „Stände-Schichten-Struktur" herausgearbeitet. Als Zuordnungskriterien innerhalb dieser Struktur gelten Alföldy *ordo*-Zugehörigkeit, Besitz- und Machtverteilung sowie Ansehen.[19] Die Annahme der Existenz von sozialen Mittelschichten, die dieses dichotomische Modell aufbrechen würde, wird bereits von Alföldy klar verneint.[20]

Dass sich die beiden hier skizzierten Modelle mit ihrem Fokus auf Sozialprestige, politische Macht und materiellen Besitz letztlich an den Distinktionsstrategien der römisch-hellenistischen Oberschichten und an der Literaturproduktion von Autoren orientieren, die dieser Oberschicht entstammten oder nahestanden, wird von den genannten Sozialhistorikern nicht nur eingeräumt, sondern in affirmativer Weise explizit gemacht.[21] Allerdings werden auf diese Weise die habituellen Distinktionen der frühkaiserzeitlichen Gesellschaft, die selbst Ausdruck der ungleichen Machtverhältnisse innerhalb dieser Gesellschaft sind, mit der anhand soziologischer Kriterien zu beschreibenden Struktur dieser Gesellschaft gleichgesetzt. Objekt- und Metasprache respektive soziologische Innen- und Außenperspektive verhalten sich in den skizzierten dichotomischen Modellen in problematischer Weise isomorph.

Als Beispiel mag hier die Frage nach der Existenz von Mittelschichten dienen, die im distinktionsbetonten Habitus der kaiserzeitlichen Oberschichten keinen Anhalt findet und die sowohl von Alföldy als auch von Stegemann/Stegemann dezidiert negativ beantwortet wird. Orien-

---

16 Vgl. Stegemann/Stegemann, Urchristliche Sozialgeschichte, 70–74.
17 Vgl. Stegemann/Stegemann, Urchristliche Sozialgeschichte, 70–71.
18 Vgl. Stegemann/Stegemann, Urchristliche Sozialgeschichte, 64–67.
19 Vgl. Alföldy, Römische Sozialgeschichte, 138–217.
20 Vgl. Alföldy, Römische Sozialgeschichte, 204–205.
21 Vgl. die entsprechenden Ausführungen bei Alföldy, Römische Sozialgeschichte, 205; sowie Stegemann/Stegemann, Urchristliche Sozialgeschichte, 58–61.

tiert man sich jedoch nicht allein an der dichotomischen Selbstwahrnehmung kaiserzeitlicher Oberschichten und darauf basierenden Modellen der Sozialhermeneutik, ist diese Frage, die nicht zuletzt für die soziale Verortung der frühen Christus-Anhänger von hoher Relevanz ist, mehr als offen.

Bereits der Althistoriker Karl Christ hatte hier in Auseinandersetzung mit Alföldy sozialhermeneutischen Differenzierungsbedarf angemeldet und ein eigenständiges, dreigliedriges Modell der frühkaiserzeitlichen Gesellschaftsstruktur entworfen:[22] Neben den unbestreitbar dominierenden imperialen Oberschichten und der breiten Masse der Unterschichten macht Christ in der Gesellschaft der Kaiserzeit Gruppen aus, die sich als Mittelschicht identifizieren lassen: „Besonders inhomogen sind die Mittelschichten des Imperiums. Ihre Existenzbasis bilden in der Regel die selbständige Arbeit, eigenes Vermögen, der Militärdienst oder besonders qualifizierte Dienstleistungen. Zu ihnen gehört der Großteil freier römischer Bürger, das heißt all jene Vollbürger, die nicht proletarisiert sind, die Angehörigen der Municipalaristokratie kleinerer Städte, die zwar nominell einem *ordo decurionum* angehören, jedoch nur über bescheidene Einkommen oder Vermögen verfügten, weiter die Centurionen, Unteroffiziere und Mannschaften der Legionen, die Prätorianer und die Angehörigen der hauptstädtischen Sonderformationen, die Veteranen. Zu den Mittelschichten sind indessen unabhängige *ingenui* ebenso zu rechnen wie im Dienst des *princeps* stehende Freigelassene mit entsprechendem Einfluß sowie die reicheren Freigelassenen und selbst einzelne Sklaven der *familia Caesaris*. Reichtum, Vermögen oder Einfluß waren somit insgesamt gesehen wichtiger als die alten personenrechtlichen Kategorien mit ihren Differenzierungen"[23].

Als Stützen für diese These kommen in jüngster Zeit Studien hinzu, die den archäologisch fassbaren Lebensstil dieser imperialen Mittelschichten untersuchen und die die Existenz solcher Schichten jenseits kaiserzeitlicher Elitendiskurse plausibilisieren.[24] So lassen sich komplexere Gesellschaftsmodelle entwerfen, die kaiserzeitliche Herrschafts-

---

[22] Vgl. Christ, Grundfragen der römischen Sozialstruktur; sowie ausführlich Christ, Geschichte der römischen Kaiserzeit, 350–433.
[23] Christ, Grundfragen der römischen Sozialstruktur, 175.
[24] Vgl. Mayer, The Ancient Middle Classes.

strukturen, schichtspezifische Distinktionsstrategien und differenzierende sozialhermeneutische Kategorien miteinander in Beziehung setzen. Eine Orientierung an Macht- und Besitzverhältnissen sowie an sozialrechtlichen *ordo*-Strukturen wird damit keineswegs hinfällig, verliert aber ihre Perspektiven verengende Ausschließlichkeit.

Von hier aus erhellen sowohl die Bedeutung als auch das Ungenügen der Frage nach dem römischen Bürgerrecht des Paulus in der neutestamentlichen Forschung[25] und die darauf basierende soziale Verortung. Für eine angemessene sozialhermeneutische Verortung müssten darüber hinaus zumindest der Einfluss, die Vermögenswerte und der Habitus des Saulus/Paulus mit berücksichtigt werden. Folgt man beispielsweise den Kriterien von Christ und der Darstellung der Apostelgeschichte, dann ist Saulus als nichtproletarisierter tarsischer und römischer Bürger, der über Einkünfte aus selbständiger Arbeit als qualifizierter Handwerker sowie ggf. über familiäres Vermögen, in jedem Fall aber über eine nennenswerte Ausbildung und Reisemöglichkeiten verfügt, innerhalb der imperialen Mittelschichten zu verorten.

Doch ist die zweifelsohne notwendige sozialhermeneutische Differenzierung mit einem dreigliedrigen Modell imperialer Ober-, Mittel- und Unterschichten schon hinreichend? Auch in diesem Modell werden die zentralistisch imperiale Perspektive der römischen Aristokratie und deren Wertmaßstäbe (Macht, politischer Einfluss und (Land-)Besitz) als strukturbestimmende Kriterien fortgeschrieben. Modellbestimmend und entscheidend ist folglich die Festlegung der sozialhermeneutischen Kriterien und Perspektiven. Neuere Modelle zur römisch-hellenistischen Sozialstruktur und innerhalb dieser zur christlichen Sozialgeschichte nehmen hier ihren Ausgang.

---

[25] Vgl. die knappe Darstellung und den letztlich aporetischen Ausgang der Diskussion bei Ebel, Das Leben des Paulus, 110–113. Zu einer letztlich negativen Einschätzung des Befundes gelangt Noethlichs, Der Jude Paulus – ein Tarser und Römer?; tendenziell positive Einschätzungen finden sich dagegen bei Omerzu, Tarsisches und römisches Bürgerrecht; sowie Schnelle, Paulus, 40–44.

2.2. Ein Alternativmodell: Soziale Felder, Kapitalsorten und Habitus

Im Kontext seiner Darstellung der antiken Wirtschaftsgeschichte hat der Althistoriker Michael Sommer sich eines sozialhermeneutischen Modells bedient, das auf den Soziologen Pierre Bourdieu zurückgeht.[26] Sommer unterscheidet mit Bourdieu vier Kapitalsorten, die im kulturellen und historischen Wandel unterschiedliches Gewicht innerhalb einer Gesellschaft erlangen können und die dennoch meines Erachtens kultur- und zeitübergreifend nachweisbar, wenn auch in ihrer strukturellen Bedeutung zu differenzieren sind: ökonomisches Kapital, kulturelles Kapital, soziales Kapital und symbolisches Kapital.[27] Bei Bourdieu sind mit dieser Differenzierung von Kapitalsorten – die auf differenten, wenngleich interdependenten sozialen Feldern erworben und eingesetzt werden können[28] – weitere sozialhermeneutische Begriffe verknüpft, die es in heuristischem Interesse erlauben, eine Art sozialanalytisches Netz auf gegenwärtige und historische Gesellschaftsstrukturen zu legen und diese modellhaft zu beschreiben:

Den kulturell und zeitlich zu differenzierenden sozialen Feldern wie Wirtschaft, Politik, Religion, Bildung etc. entsprechen die genannten Kapitalsorten. Diese werden von den sozialen Akteuren nicht einfach besitzmäßig als Verfügungsmasse erworben, sondern vielmehr inkorporiert, d.h. „einverleibt".[29] Das inkorporierte Kapital wird zum Habitus eines Akteurs, der sein Handeln in einem sozialen Feld zwar nicht determiniert, aber entscheidend begrenzt und bestimmt:[30]

---

[26] Vgl. Sommer, Wirtschaftsgeschichte der Antike, 101–120. Als die in diesem Zusammenhang grundlegende Studie von Bourdieu ist hier Bourdieu, Die feinen Unterschiede, zu nennen.

[27] Vgl. Sommer, Wirtschaftsgeschichte der Antike, 102; sowie Fuchs-Heinritz/König, Pierre Bourdieu, 125–137; Rehbein, Die Soziologie Pierre Bourdieus, 110–117.

[28] Zu Begriff und Konzept sozialer Felder vgl. Fuchs-Heinritz/König, Pierre Bourdieu, 110–125; Rehbein, Die Soziologie Pierre Bourdieus, 105–110.

[29] Vgl. Fröhlich, Einverleibung; sowie Fuchs-Heinritz/König, Pierre Bourdieu, 106–109.

[30] Zu dem für Bourdieu grundlegenden Begriff des Habitus vgl. Krais/Gebauer, Habitus; Rehbein/Saalmann, Habitus; Fuchs-Heinritz/König, Pierre Bourdieu, 89–106; Rehbein, Die Soziologie Pierre Bourdieus, 86–98.

"Die für einen spezifischen Typus von Umgebung konstitutiven Strukturen (etwa die eine Klasse charakterisierenden materiellen Existenzbedingungen), die empirisch unter der Form von mit einer sozial strukturierten Umgebung verbundenen Regelmäßigkeiten gefasst werden können, erzeugen *Habitusformen*, d. h. Systeme dauerhafter *Dispositionen*, strukturierte Strukturen, die geeignet sind, als strukturierende Strukturen zu wirken".[31]

Der Habitus ist in der Regel denjenigen Sozialstrukturen angepasst, in denen er erworben wurde. Die Handlungsmuster der sozialen Akteure sind daher darauf gerichtet, die ihnen vertrauten Strukturen zu reproduzieren. Auf Veränderungsprozesse reagiert der Habitus mit Trägheitseffekten, die Bourdieu unter dem Begriff Hysteresis fasst.[32] Diese Hysteresis kann wiederum zu Phänomenen der sozialen Unangepasstheit von Habitus und sozialen Strukturen führen, wie sie insbesondere in Zeiten des beschleunigten Wandels oder der revolutionären Veränderung nicht selten sind. Sozialgeschichtlich interessant ist hier nicht zuletzt die Möglichkeit, den Zusammenhang von biographischen Brüchen oder sozialer Mobilität und Hysteresis-Effekten zu untersuchen.

Was trägt nun dieses differenzierte sozialhermeneutische Begriffsgeflecht für ein Modell der frühkaiserzeitlichen und damit auch frühchristlichen Gesellschaftsstrukturen aus? Wie oben bereits dargelegt wurde, greift eine dualistische Aufteilung der antiken Gesellschaft in eine vermögende, zahlenmäßig kleine Oberschicht und eine arme, zahlenmäßig große Unterschicht sozialhermeneutisch ebenso zu kurz wie eine reine Orientierung an ökonomischen Besitzständen. Vielmehr müssen auch in der Gesellschaft der frühen Kaiserzeit ökonomisches Kapital (Geld, Landbesitz, Immobilien, Disposition über abhängige Arbeitskräfte wie Familienangehörige, Pächter oder Sklaven, Besitz von Rohstoffen), soziales Kapital (Familienbande, soziale Netzwerke wie religiöse oder berufliche Vereine, Klienten und Freunde), kulturelles Kapital (Bildung und Ausbildung) sowie symbolisches Kapital (edle Geburt, Macht und Ämter,

---

[31] Bourdieu, Entwurf einer Theorie der Praxis, 164–165.
[32] Vgl. Suderland, Hysteresis.

besondere religiöse Qualifikationen, öffentliche Selbstdarstellung) differenziert berücksichtigt werden.[33]

Paulus selbst hat in seiner sozialgeschichtlichen Einschätzung der frühen Christus-Anhänger in 1 Kor 1,26 primär kulturelles und symbolisches Kapital im Blick: „Schaut doch auf eure Berufung, liebe Brüder und Schwestern: Da sind in den Augen der Welt nicht viele Weise, nicht viele Mächtige, nicht viele Vornehme."

Dies ist kein Zufall und verweist auf eine erste Besonderheit der römisch-hellenistischen Gesellschaft im Unterschied zur Gegenwart: Nicht die wirtschaftliche Leistungsfähigkeit oder das ökonomische Kapital einer Person bestimmen ausschlaggebend seine oder ihre soziale Stellung. Reichtum galt für die Ober- und Mittelschichten in der Regel nicht als Selbstzweck und Ziel allen Handelns. Entscheidend für die Selbstwahrnehmung, die öffentliche Rolle und die Distinktionsbestrebungen einer Person waren vielmehr das soziale (Familie, Freunde, Netzwerke und Klienten) und das symbolische Kapital (Macht, Prestige, Ämter), zumindest in der Oberschicht. Aber nicht nur die Oberschichten, sondern auch die Mittelschichten zeigten in ihrem Habitus ihre Orientierung an den Wertmaßstäben sozialen und symbolischen Kapitals. Reichtum galt dabei als eine Bedingung für den Erwerb sozialen und symbolischen Kapitals. Geld und Güter wurden entsprechend nicht allein in den Wirtschaftskreislauf, sondern ebenso grundlegend in den Ausbau des sozialen und des symbolischen Kapitals investiert.

Ökonomisches Kapital, kulturelles Kapital, soziales Kapital und symbolisches Kapital hängen in der gesellschaftlichen Praxis miteinander zusammen und lassen sich ineinander konvertieren. Die soziale Position einer Person hängt von ihrem jeweiligen Zugang zu diesen Kapitalsorten ab und von den sozial gegebenen Möglichkeiten ihrer Konvertierung. Vermögen ist in diesem Sinne die Anhäufung, Verfügbarkeit und Konvertierungsmöglichkeit von Kapitalsorten. Dass dabei der Bezugsrahmen von nicht unerheblicher Bedeutung ist, liegt auf der Hand: Zum einen ist es wichtig, auf welchem sozialen Feld welche Kapitalsorte konvertiert werden kann, d.h. ob Kapitalvermögen und Feldaktivität kongruent sind. Zum anderen muss differenziert werden, ob eine Person in einem loka-

---

[33] Vgl. hier und im Folgenden auch Alkier/Kessler/Rydryck, Wirtschaft und Geld, 135–139.

len, einem regionalen oder einem imperialen Maßstab als ökonomisch, sozial, kulturell oder symbolisch vermögend gelten kann. Hier legen sich die plural gefassten Begriffe Oberschichten, Mittelschichten bzw. Unterschichten nahe, in denen soziale Akteure wie Saulus/Paulus entsprechend ihrer lokalen, regionalen und imperialen Lebenswelten verortet werden können. Für die Sozialstruktur der frühen Kaiserzeit ergibt sich gemäß dem zuvor Dargestellten in etwa das folgende Modell:

Ein Angehöriger der Oberschichten ist demnach eine Person, der es durch Erbe und/oder eigene Leistung umfassend gelungen ist, Kapitalsorten anzuhäufen.[34] Damit erwirbt er zugleich ein bestimmendes Handlungspotential auf verschiedenen sozialen Feldern wie Politik und Wirtschaft. Ausschlaggebend für die Zugehörigkeit zu den lokalen, regionalen oder imperialen Oberschichten sind das soziale Kapital (Familienverbindungen und Klientel), das symbolische Kapital (edle Geburt, Ämter, Macht) und das ökonomische Kapital (Landbesitz, Geldvermögen). Kulturelles Kapital (Bildung, Ausbildung, Kompetenz in ökonomischen Belangen) war demgegenüber weniger bedeutsam, wenngleich eine solide literarische, musische und rhetorische Bildung zum Habitus der Oberschichten zählte und zumindest von Senatoren administratives, juristisches bzw. militärisches Erfahrungswissen erwartet wurde.

Ein Angehöriger der Mittelschichten ist demgegenüber eine Person, der es in zwar nennenswertem, aber begrenztem Umfang gelungen ist, auf einigen sozialen Feldern Kapitalsorten und ein bestimmtes Handlungspotential zu erwerben.[35] Ausschlaggebend für die Zuordnung zu den Mittelschichten sind das kulturelle und das ökonomische Kapital (Bildung, Ausbildung, berufliche Kompetenz, Geldbesitz). Wichtig sind aber ebenso ein Mindestmaß an sozialem Kapital (persönliche Freiheit, städtisches oder römisches Bürgerrecht, geschäfts- bzw. handlungsrelevante Netzwerke) und die Möglichkeit – im Rahmen der sozialen Mobilität der frühen Kaiserzeit – eingeschränkt auch symbolisches Kapital

---

[34] Vgl. auch die diesbezüglichen Hinweise von Weiß, Sozialgeschichtliche Aspekte der Apostelgeschichte, in diesem Band.

[35] Vgl. hierzu die sozialgeschichtlichen Kontextualisierungen im 2. Kapitel des in diesem Band publizierten Beitrags von Rohde, Von Stadt zu Stadt. Paulos als wandernder Handwerker und die ökonomisch motivierte Mobilität in der frühen Kaiserzeit.

(Ämter, Lebensstil, Prestige) zu erwerben. Die Studie von Emanuel Mayer legt nahe, dass sich zumindest für die imperiale Mittelschicht, auch ein spezifischer Habitus nachweisen lässt.[36]

Zu den Unterschichten zählten weite Teile der Landbevölkerung, die überwiegende Mehrzahl der Frauen, die Mehrheit der Sklaven, einfache Soldaten, Seeleute, Tagelöhner und abhängig Beschäftigte, kleine Handwerker und Händler, Unterhaltungskünstler etc., alle diejenigen also, denen es weitgehend an Kapital und der Möglichkeit, dieses zu erwerben, mangelte. Weder auf ökonomischem Feld, noch auf dem kulturellen oder dem symbolischen Feld können die Unterschichten in der frühkaiserzeitlichen Gesellschaft als wirkliche Akteure bezeichnet werden. Am ehesten stand ihnen innerhalb ihrer lokalen Netzwerke die Möglichkeit offen, soziales Kapital in begrenztem Umfang und in der Regel ohne die Beteiligung an politischer Macht zu erwerben. Ihre ökonomische Rolle in den Lebenswelten der antiken Städte und ihres Umlandes beschränkte sich auf ihre Arbeitskraft und auf ihre Bedeutung für den Massenkonsum. Als Akteure auf dem politischen Feld – hier ist den Sozialanalysen von Alföldy und Stegemann/Stegemann zuzustimmen[37] – spielen die Unterschichten in der kaiserzeitlichen Gesellschaft keine Rolle und man kann, nicht nur mit Blick auf Röm 13,1–7 und 1 Petr 2,13–16, die Frage stellen, ob das Beherrscht-Sein der Mittel- und Unterschichten nicht in deren Habitus und Selbstwahrnehmung[38] übergegangen ist.

3. Paulus in der Apostelgeschichte: Ein Angehöriger regionaler Mittelschichten

3.1. Das Kapital des Paulus in der Darstellung der Apostelgeschichte

Zurück zum Ausgangsproblem: Wie ist vor dem Hintergrund des hier entwickelten sozialhermeneutischen Modells die soziale Position des

---

[36] Vgl. Mayer, The Ancient Middle Classes, 213–220.
[37] Vgl. dagegen die Analyse der sozialen Rolle der stadtrömischen Unterschichten in spätrepublikanischer Zeit bei Will, Der römische Mob.
[38] Vgl. hier auch Stegemann/Stegemann, Urchristliche Sozialgeschichte, 60.

Saulus/Paulus zu beurteilen?[39] Betrachten wir mithilfe des oben skizzierten sozialanalytischen Netzes das Vermögen des Paulus nach Kapitalsorten, ergibt sich gemäß der Darstellung in der Apostelgeschichte das folgende Bild:

Das kulturelle Kapital des Paulus:[40] Nach Ausweis der Apostelgeschichte verfügte Paulus über eine handwerkliche Qualifikation als Zeltmacher respektive lederverarbeitender Handwerker (vgl. Apg 18,1–3).[41] Zudem wurde ihm eine pharisäische und das bedeutet wohl nicht zuletzt schriftgelehrte Bildung zuteil (vgl. Apg 22,3).[42] Mit dieser spezifischen Bildung gingen notwendig nicht nur die Fähigkeit des Lesens und Schreibens in griechischer, aramäischer und hebräischer Sprache[43] einher, sondern offenbar auch rhetorische Fähigkeiten.[44] Zudem erwarb sich Paulus in seiner Zeit als Christus-Anhänger Kompetenzen in der Auslegung und Verkündigung der Lehren und Traditionen dieser neuen religiösen Strömung.

Bedeutung hatten diese von Paulus erworbenen und inkorporierten Formen kulturellen Kapitals sowohl auf ökonomischem wie auf sozialem Feld und zwar auf regionaler Ebene: Paulus als spezialisierter Handwerker und rhetorisch gebildeter Schriftgelehrter konnte sein kulturelles Kapital vor allem in den urbanisierten Zentren Syriens, Kleinasiens und Griechenlands in ökonomisches Kapital und in den Synagogen bzw. den christlichen Gemeinschaften dieser Regionen auch in soziales bzw. symbolisches Kapital konvertieren. Ob dies ebenso im imperialen Zentrum Rom gelingen konnte, lässt Apg 28,17–31 ebenso wie vieles andere offen.

---

[39] Vgl. zu den grundlegenden Sachverhalten Niebuhr, Name, Herkunft, Familie.

[40] Vgl. hierzu auch Vegge, Die kulturelle Prägung; sowie Schnelle, Paulus, 45–47.

[41] Vgl. hierzu auch den Beitrag von Ulrich Huttner, Unterwegs im Mäandertal. Überlegungen zur Mobilität des Paulus, in diesem Band; hier insbesondere das Kapitel 4.2. zur handwerklichen Tätigkeit des Paulus.

[42] Zur Bildung des Paulus im Kontext antiker Bildungstraditionen vgl. die umfassende Studie von Vegge, Paulus und das antike Schulwesen. Für den spezifisch jüdischen Kontext vgl. Frey, Die religiöse Prägung.

[43] Vgl. zur hebräischen Sprachkompetenz des Paulus Apg 22,2. Ob und in welchem Umfang Paulus über die genannten Sprachkenntnisse hinaus auch des Lateinischen mächtig war ist aufgrund der mangelhaften Quellenlage umstritten.

[44] Vgl. neben Texten wie Apg 9,19b–22; Apg 17,16–18 oder Apg 18,4–5; die großen Reden im Kontext von Apg 13–28, exemplarisch etwa die Areopagrede in Apg 17,22–31.

Zumindest im klischeehaft bildungshungrigen Athen (vgl. Apg 17,16–22) und im für Juden und Christus-Anhänger gleichermaßen bedeutsamen religiösen Zentrum Jerusalem (vgl. Apg 21,15–23,35) stellte die Konvertierung des von Paulus erworbenen kulturellen Kapitals in soziales oder auch symbolisches Kapital eine wahrnehmbare Schwierigkeit dar.

Das symbolische Kapital des Paulus: Eng mit dem kulturellen Kapital des Saulus ist das von ihm lebensgeschichtlich erworbene und inkorporierte symbolische Kapital verknüpft. Als wesentlicher Teilaspekt dieses Kapitals kann die Mobilität des Paulus im Mittelmeerraum gelten, die in Apg 9–28 facettenreich in Szene gesetzt wird und die sowohl Dorothea Rohde als auch Ulrich Huttner in ihren Beiträgen in ihrer sozialgeschichtlichen Bedeutung erörtern. Paulus hebt sich mit seiner – in der Tendenz überregionalen – Mobilität, die bereits in Apg 9,1–3 Erwähnung findet, von der überwiegenden Zahl seiner Zeitgenossen ab und verkörpert je nach Perspektive den Habitus eines reisenden Philosophen, Heilers oder Handwerkers.[45]

Das mit Abstand wichtigste symbolische Kapital des Saulus/Paulus war jedoch sein Berufungserlebnis, die Christophanie vor Damaskus, die in der Apostelgeschichte nicht weniger als dreimal erzählt wird (vgl. Apg 9,1–19a; Apg 22,1–16; Apg 26,2–18). Hierin gründete nicht nur sein neuer Habitus als Christus-Anhänger und Gesandter des neuen Weges, hierin lag auch all seine Autorität gegenüber anderen Christus-Anhängern, vor allem aber gegenüber den unmittelbaren Schülern Jesu innerhalb und außerhalb des Zwölferkreises begründet. Auch die in der Apostelgeschichte vielfach inszenierte Macht des Paulus, Wunder zu tun,[46] und seine Bewahrung durch göttliches Wunderwirken[47] müssen in Korrelation mit dem Damaskusereignis gesehen werden.

Allerdings ist mit der Berufungschristophanie nicht nur eine Steigerung des symbolischen Kapitals des Paulus verbunden: Dem reisenden Christus-Anhänger Saulus widerfahren auch zahlreiche Verfolgungen, Leiden und vor allem Inhaftierungen (vgl. exemplarisch Apg 9,22–26; Apg 16,16–24; Apg 21,27–28,16). Diese Phänomene mussten in der rö-

---

[45] Vgl. wiederum Huttner, Unterwegs im Mäandertal. Überlegungen zur Mobilität des Paulus.
[46] Vgl. exemplarisch Apg 19,11–12.
[47] Vgl. etwa Apg 16,23–34 oder Apg 27,13–28,6.

misch-hellenistischen Gesellschaft zu einem Prestigeverlust, d. h. zu einer Minderung des symbolischen Kapitals führen. Im sozialen Kontext der Christus-Anhänger dürften die gleichen Phänomene indes zu einer Prestige- und damit zu einer Kapitalsteigerung geführt haben.

Doch würde es zu kurz greifen, die inkorporierten Leiden des Paulus, die dieser in der Christusnachfolge freiwillig auf sich nahm,[48] allein als Ausdruck eines jüdisch-christlichen Märtyrerhabitus oder gar als Hinweis auf seine Zugehörigkeit zur Unterschicht[49] zu interpretieren. Auch innerhalb der römischen Oberschichten konnten Narben, die im Dienst für die *res publica* erworben wurden, als inkorporiertes symbolisches Kapital wahrgenommen werden.[50] Und auch der Archetypus des Philosophen, der Athener Sokrates, konnte sich seiner Leidensfähigkeit im Dienste einer höheren Sache – hier für die Polis Athen – rühmen.[51] Vielleicht wird man diesbezüglich sogar so weit gehen dürfen zu sagen, dass zwar fremdbestimmte Körperstrafen und physische Leiden im Sinne eines *Leiden-Müssens* eher den abhängigen Unter- und Mittelschichten zuzuordnen sind, dass aber ein Leidenshabitus im Sinne der Verkörperung symbolischen Kapitals, mithin ein *Leiden-Können*, eher den freien Bürger der Mittel- und Oberschichten kennzeichnet.

Symbolisches Kapital ist vor allem auf dem sozialen Feld von Bedeutung. Es kann jedoch unter Umständen auch ökonomisch interessant sein (vgl. Apg 8,9–24 und Apg 20,17–35). Wie und wo konnte Paulus das ihm eigene symbolische Kapital konvertieren?

Dass überregionale Mobilität grundsätzlich einen Prestigegewinn mit sich brachte und daher auch überregional in soziales Kapital konvertiert werden konnte, scheint klar. Zudem konnte dieses Prestige im Falle eines reisenden Handwerkers wie Paulus ggf. auch in ökonomisches Kapital umgemünzt werden. Wichtiger scheint für Paulus in der Apostelgeschichte jedoch die mögliche Konvertierung seiner religiösen Vermögenswerte gewesen zu sein: Das vor Damaskus erworbene und durch Machttaten wie Leiden gleichermaßen inkorporierte Kapital war zwar

---

[48] Vgl. exemplarisch Apg 9,15–16 und Apg 20,18–27.
[49] Vgl. die entsprechende Diskussion gerade mit Blick auf das römische Bürgerrecht des Paulus bei Ebel, Das Leben des Paulus, 111–112.
[50] Vgl. dazu Flaig, Ritualisierte Politik, 123–136.
[51] Vgl. Platon, Symposion, 220a; sowie Kaufmann, Sokrates, 32–35.

auch überregional, aber sozial eben nur begrenzt konvertierbar. Vor allem in den jüdischen Synagogen und den Gemeinden von Christus-Anhängern im östlichen Mittelmeerraum konnte es in soziales Kapital umgewandelt werden.

Die Grenzen der Konvertierung dieses sehr speziellen symbolischen Kapitals zeigen sich indes ebenso in Athen (Apg 17,18–21.32–33) und Ephesus (Apg 19,23–20,1) wie im syrischen Antiochia (Apg 15,36–41), in Jerusalem (Apg 21,27–30) und Rom (Apg 28,21–24), d. h. in bedeutenden Zentren römisch-hellenistischer, jüdischer und christlicher Kultur und Religiosität. Doch muss demgegenüber betont werden, dass sich das symbolische Kapital des Saulus/Paulus nicht nur innerhalb jüdisch-christlicher Gemeinschaften in soziales Kapital umsetzen ließ. Denn die Apostelgeschichte weiß überdies von kapitalen Missionserfolgen des Paulus in römisch-hellenistischen Kreisen der lokalen wie imperialen Mittel- und Oberschichten zu berichten. So gelingt es Paulus, soziale Kontakte zu dem Prokonsul Sergius Paullus auf Zypern (Apg 13,6–12), zum Gefängnisaufseher in der römischen Kolonie Philippi (Apg 16,25–34), zum Klientelkönig Herodes Agrippa II. (Apg 26), sowie zu dem Mann mit dem größten Sozialprestige auf der Insel Malta (Apg 28,7–10) zu knüpfen. Nach Ausweis von Apg 9,1–2 hatten Paulus, so darf man vermuten, bereits zuvor sein kulturelles und symbolisches Kapital im Habitus des angesehenen Pharisäers sozial bedeutsame Verbindungen zur Tempelaristokratie in Jerusalem ermöglicht.[52]

Das soziale Kapital des Paulus: Das soziale Kapital des Saulus/Paulus wird man daher mit Blick auf die Apostelgeschichte als nicht unerheblich einschätzen dürfen: Als angesehener Pharisäer hatte Saulus sowohl Zugang zur Tempelaristokratie (Apg 9,1–2) als auch soziale Verbindungen zu Mitgliedern des Synhedriums (Apg 23,6–10). Als pharisäisch gebildeter Christus-Anhänger mit außergewöhnlichem symbolischem Kapital eröffneten sich Paulus zudem vielfältige soziale Beziehungen: auf der einen Seite zu Gemeinschaften von Juden und Christus-Anhängern in den urbanen Zentren des östlichen Mittelmeerraums wie Damaskus, Antiochia in Syrien, Antiochia in Pisidien, Philippi, Thessaloniki, Korinth und Ephesus; auf der anderen Seite zu sozial einflussreichen Personen der Mittel- und Oberschichten in jenem Raum wie dem christlichen Mis-

---

[52] Vgl. Schnelle, Paulus, 48–54; Niebuhr, Pharisäer in Jerusalem.

sionar Barnabas (Apg 9,27), dem Prokonsul Sergius Paullus (Apg 13,6–12),[53] der Purpurhändlerin Lydia (Apg 16,14–15), Dionysios dem Areopagiten (Apg 17,34), dem ersten Bürger der Insel Malta (Apg 28,7) etc.[54] Dass dieses soziale Kapital für die Reise- und Missionstätigkeit des Paulus von großer Bedeutung war, liegt auf der Hand. Dass es sich indes auch in ökonomisches Kapital konvertieren ließ, belegt die von Paulus organisierte Jerusalemkollekte,[55] die – vergleichbar mit der jüdischen Tempelsteuer – als eine groß angelegte Umwandlung sozialen und symbolischen Kapitals in ökonomisches Kapital interpretiert werden kann.

Als soziales Kapital des Saulus ist auch das Bürgerrecht der Stadt Tarsus (Apg 21,39) zu werten, das allerdings nur dort als solches konvertierbar war und außerhalb dieser Polis eher als symbolisches Kapital gelten kann. Anders verhält es sich mit dem römischen Bürgerrecht des Saulus, das dieser schon von Geburt an besaß (Apg 16,37; Apg 22,27–28): Dieses besondere Privileg ließ sich nicht nur in der Stadt Rom auf rechtlichem und politischem Feld einsetzen, sondern es konnte im gesamten Imperium Romanum konvertiert werden, wie die Episoden in Philippi (Apg 16) und Ephesus (Apg 19), vor allem aber die Haftbedingungen und der Prozessverlauf des Paulus, einschließlich der Appellation an den Kaiser, im Kontext von Apg 21,32–28,16 deutlich zeigen.

Das ökonomische Kapital des Paulus: Indes verfügte Saulus, der auch Paulus genannt wurde, nicht nur über kulturelles, symbolisches und soziales Kapital. Die Darstellung der Apostelgeschichte lässt auch Rückschlüsse auf das ökonomische Kapital des Paulus zu: So lässt die schriftgelehrte Ausbildung in Jerusalem, d.h. an einem im jüdischen Kontext zentralen Bildungsstandort, jenseits der Heimatstadt Tarsus (und damit jenseits der Versorgung im Familienhaushalt) und ohne die übliche Notwendigkeit im väterlichen Gewerbe mitzuarbeiten, auf ein gewisses Fa-

---

[53] Ob Paulus damit in die Klientel des römischen Senators überging, ist eine nicht uninteressante und für die Bewertung des sozialen Kapitals des Paulus nicht unerhebliche Frage.

[54] Vgl. hier die Darstellung und Erörterung der entsprechenden Personen bei Metzner, Die Prominenten im Neuen Testament; sowie im Falle des Sergius Paullus und des Dionysios die Analysen bei Weiß, Soziale Elite und Christentum, 51–101.

[55] Vgl. dazu die umfassende Studie von Georgi, Der Armen zu gedenken; sowie die Hinweise bei Alkier/Kessler/Rydryck, Wirtschaft und Geld, 138–139.

milienvermögen oder zumindest ökonomisch konvertierbare Sozialkontakte (vgl. Apg 23,16) schließen. Auch die von Beginn an überregionale Reisetätigkeit des Paulus oder das Mieten einer Wohnung in Rom (Apg 28,16) waren mit Kosten verbunden, die mittels ökonomischen Kapitals beglichen werden mussten. Dieses mag sich neben etwaigen familiären Vermögenswerten nicht zuletzt aus der Erwerbsarbeit des Paulus als spezialisierter Handwerker gespeist haben.[56]

Im Spannungsfeld der möglichen Konvertierung von symbolischem bzw. sozialem in ökonomisches Kapital betont Paulus in Apg 20,33: ἀργυρίου ἢ χρυσίου ἢ ἱματισμοῦ οὐδενὸς ἐπεθύμησα. Dass er von Niemandem Silber, Gold oder Gewänder begehrt hätte, heißt jedoch nicht, dass er diese Erscheinungsformen ökonomischen Kapitals nicht bisweilen angenommen hätte.[57] Vielmehr verweist die Zurückweisung des Habitus eines geldgierigen Sophisten, verbunden mit Texten wie Apg 16,14–15 oder Apg 16,30–34 und der bezeugten Umwandlung symbolischen und sozialen Kapitals in ökonomisches im Zuge der Jerusalemkollekte, zumindest auf die prinzipielle Möglichkeit der Generierung ökonomischen Kapitals durch Spenden.

Aus welchen Quellen auch immer das ökonomische Kapital des Saulus sich gespeist haben mag, es weist ihn angesichts der notwendigen Zensusvermögen weder als einen Angehörigen der Oberschichten, noch – angesichts des in der Apostelgeschichte unbestreitbaren Vorhandenseins ökonomischen Kapitals in erkennbarem Abstand zum Existenzminimum – als Angehörigen der Unterschichten aus. Paulus verfügte in einem Maß über ökonomisches Kapital, dass er sich dessen Konvertierung nicht nur in das Lebensnotwendige, sondern in kulturelles (Bildung), symbolisches (Reisen) und soziales Kapital ((über-)regionale Netzwerke) leisten konnte.

---

[56] Vgl. Apg 18,1–3; Apg 20,34–35.
[57] Vgl. nur 2 Kor 11,8–9!

3.2. Der Habitus des Paulus in der Darstellung der Apostelgeschichte

Bourdieu zufolge ist der Habitus als inkorporiertes Kapital zu verstehen.[58] Der Habitus des Paulus muss folglich aus den von ihm im Laufe seines Lebens akkumulierten und buchstäblich einverleibten Kapitalsorten rekonstruiert werden. Dabei geht es nicht um diesen oder jenen Einzelaspekt aus der Biographie des Paulus, sondern im oben zitierten Sinn um „strukturierte Strukturen, die geeignet sind, als strukturierende Strukturen zu wirken". Betrachtet man das zuvor Dargestellte in dieser Perspektive, lassen sich wesentliche Aspekte des Habitus des Paulus erfassen:

Bildung: Paulus war nach Ausweis der Apostelgeschichte sowohl in jüdischen als auch hellenistisch-römischen Bildungstraditionen sozialisiert worden. Entsprechend ist es diese, nicht zuletzt schriftgelehrte Bildung, die sein missionarisches und rhetorisches Wirken als wandernder Lehrer von Grund auf prägt, wie ein Blick auf die paulinischen Reden in der Apostelgeschichte deutlich vor Augen führt (vgl. etwa Apg 9,19b–22; Apg 17,17–31; Apg 20,17–35; Apg 28,17–24).

Mobilität: Ein zweiter wesentlicher Aspekt des paulinischen Habitus ist seine Mobilität, die bereits in Apg 9,1–3 angedeutet und im weiteren Verlauf der Apostelgeschichte immer wieder durch Reiseschilderungen oder biographische Rückblenden dargestellt wird. Als tarsischer Migrant in Jerusalem, aber mehr noch als reisender Lehrer und Handwerker scheint Mobilität ein integraler Bestandteil der Lebenspraxis des Paulus gewesen zu sein.

Kommunikativität: Der Aufbau sowie die Pflege seines vielfältigen und überregional gestreuten sozialen Kapitals machte für Paulus eine kommunikationsoffene Haltung ebenso zur Notwendigkeit wie die Etablierung eines Kommunikationsnetzwerkes im Zuge seiner Reisen. Dass in diesem Zusammenhang auch briefliche Kommunikation, die in der Wirkungsgeschichte des Corpus Paulinum oft als die primäre Form paulinischer Kommunikation erscheint, eine Rolle gespielt haben wird, deutet die Apostelgeschichte mittelbar in Apg 9,2 und Apg 28,21 an.

Arbeitsethos: Die von Apg 9 bis Apg 28 dargestellte unermüdliche missionarische Aktivität sowie die fortgesetzte handwerkliche Tätigkeit

---

[58] Vgl. Fuchs-Heinritz/König, Pierre Bourdieu, 94.

des Paulus (vgl. Apg 18,1-3; Apg 20,33-35) verweisen auf ein spezifisches Arbeitsethos, das zum einen die Hochschätzung produktiver Tätigkeit und zum anderen die positive Bewertung von Erwerbsarbeit zum Ausdruck bringt. Die Verortung des Paulus in einer handwerklichen Berufspraxis und in pharisäischen Kreisen kann gleichermaßen als Beleg für die Quellen als auch für die Auswirkungen dieses Arbeitsethos gelten.

Bürgerethos: Die Apostelgeschichte zeichnet von Paulus das Bild eines freigeborenen Bürgers, der sich zum einen in urbanen Kontexten seiner Rede- und Reisefreiheit und zum anderen in Konfliktsituationen seiner Rechtstitel zu bedienen weiß. Sein souveränes Auftreten in Prozesssituationen (vgl. Apg 17,16-33; Apg 18,12-17; Apg 19,23-40; Apg 21,27-32) sowie seine Appellation an den Kaiser (Apg 25,9-12), aber auch sein missionarisch freimütiges Auftreten in den Synagogen und auf den öffentlichen Plätzen hellenistisch-römischer Poleis unterstreichen den Habitus eines freien, selbstbewussten, staatstragenden und öffentlichen Mannes der soziales und symbolisches Kapital in nennenswertem Umfang inkorporiert hat.

Leiden-Können: Paulus betont in der Apostelgeschichte wiederholt seine Unabhängigkeit auf wirtschaftlichem, sozialem und rechtlichem Feld. Dem steht indes seine Abhängigkeit von Christus und dem Heiligen Geist gegenüber (vgl. exemplarisch Apg 9,5-6; Apg 16,6-10; Apg 27,23-24). In diesem Spannungsfeld sind die Leiden des Paulus in theonomer Hinsicht als Leiden-Müssen, in sozialer Hinsicht jedoch als Habitus des Leiden-Könnens zu beschreiben: Paulus leidet nicht weil es ihm an sozialem oder ökonomischem Kapital mangelt, sondern er leidet *für Christus,* d.h. im Interesse seines symbolischen Kapitals. Dieses Kapital wird nicht zuletzt durch die Leiden des Paulus inkorporiert. Der Habitus des Leiden-Könnens erweist sich damit zumindest auf religiösem Feld als angemessen und damit als rationale Strategie.

Orientierung an symbolischem Kapital: Es kann nach dem bisher Gesagten nicht verwundern, dass die für Paulus mit Abstand wichtigste Kapitalsorte das symbolische Kapital ist. Das Wirken und Leiden für Christus sowie die dadurch erworbene Macht und das damit verbundene Prestige prägen den Habitus des Paulus grundlegend (vgl. Apg 20,17-38; Apg 22,1-21; Apg 23,1-6; Apg 24,10-21; Apg 26,1-29).

Diese habituelle Ausrichtung auf das einverleibte symbolische Kapital macht Paulus in der Gesellschaft der frühen Kaiserzeit nicht zum

Sonderling: Mögen auch die präferierten Sorten des symbolischen Kapitals variieren, so ist dennoch zu konstatieren, dass sich die Oberschichten sowie weite Teile der Mittelschichten primär an der Akkumulation symbolischen Kapitals interessiert zeigten und in der Regel wie Paulus bestrebt waren, ihr soziales, ökonomisches und kulturelles Kapital in symbolisches zu konvertieren.

Distinktionshaltung: Der eminenten Bedeutung des symbolischen Kapitals im Habitus des Paulus entsprechen gewisse Distinktionshaltungen, die Paulus zum einen von der Masse der Juden und Christus-Anhänger abheben und die zum anderen geeignet sind, das symbolische Kapital des Paulus zu schützen: So sind die Wundermächtigkeit oder die besondere Leidensfähigkeit positiv wahrnehmbare Distinktionsmerkmale des Paulus. Negative Distinktionsstrategien sind hingegen notwendig, um Missverständnissen im symbolischen Feld zu entgehen, die zu einer Minderung des symbolischen Kapitals beitragen könnten: Entsprechend ist Paulus in der Darstellung der Apostelgeschichte um eine habituelle Abgrenzung gegenüber semantisch negativ besetzten Magiern (vgl. Apg 13,4–12), vagierenden Wundertätern respektive „göttlichen Menschen" (vgl. Apg 14,8–18) und ökonomisch motivierten Missionaren respektive Sophisten (vgl. Apg 20,33–35) bemüht. Auffallend, gerade mit intertextuellem Blick auf das Corpus der Paulusbriefe, ist dagegen die Verwendung des symbolischen Titels „Apostel" mit Bezug auf Paulus. Dient dieser Titel (als Verdichtung symbolischen Kapitals) in den Briefen als ein bevorzugtes, wenngleich umstrittenes Distinktionsmerkmal des Paulus,[59] so führt Paulus diesen Titel in der Darstellung der Apostelgeschichte kaum und keinesfalls in distinktivem Interesse. Auf religiösem Feld wird dagegen ein distinktiv monolatrischer Habitus des Paulus als Jude und Christus-Anhänger gegenüber als „heidnisch" gewerteten, semantisch negativ besetzten Formen römisch-hellenistischer Religiosität erkennbar.[60]

---

[59] Vgl. Becker, Die Person des Paulus (2012), 135–136; sowie ausführlich Frey, Paulus und die Apostel.
[60] Vgl. Apg 14,14–18; Apg 17,16–31; Apg 19,23–34.

4. Fremddarstellung und Selbstdarstellung: Zur sozialhistorischen Plausibilität der Apostelgeschichte

Fasst man das bisher Gesagte zusammen, ergibt sich – zumindest mit Blick auf die Apostelgeschichte – ein klares Bild für die soziale Verortung des Paulus: Saulus, der auch Paulus genannt wurde, gelang es in nennenswertem, aber relativ zu den Oberschichten dennoch begrenztem Umfang, auf verschiedenen sozialen Feldern Kapitalsorten und ein bestimmtes Handlungspotential zu erwerben. Kulturelles und ökonomisches Kapital verbunden mit einem Grundstock sozialen Kapitals (persönliche Freiheit, tarsisches und römisches Bürgerrecht) bilden die Basis für den weiteren Erwerb sozialen Kapitals (Gemeinde-Netzwerke) und vor allem für die Akkumulation symbolischen Kapitals (Missions- und Reisetätigkeit, „apostolisches" Wirken). Paulus ist damit als ein Angehöriger regionaler Mittelschichten im östlichen Mittelmeerraum zu klassifizieren, der einen entsprechenden Habitus inkorporiert hat: Arbeits-, Bürger- und Leidensethos verbinden sich mit einer religiös motivierten Prestigeorientierung und bilden zusammen mit einem beachtlichen Maß an Mobilität sowie den genannten Kommunikations- und Distinktionsstrategien den Habitus des Paulus.

Damit ist wenig über die etwaige Identität und Individualität des Paulus mit Blick auf eine mit historischen Mitteln in den Texten fassbare *Person* ausgesagt.[61] Vielmehr ist hier ein textbasiert zu analysierender *Habitus* des Paulus im Blick: die subjektiven Dispositionen des Paulus als strukturierte Strukturen, die innerhalb sozialer Felder geeignet sind, als strukturierende Strukturen zu wirken. Die individuellen Besonderheiten oder gar die identitäre Selbstwahrnehmung des Paulus, die nicht zuletzt stark von der biographischen bzw. autobiographischen Darstellungsweise abhängig sind, spielen dagegen nur eine untergeordnete Rolle.

Es muss fast als eine forschungsgeschichtliche Kuriosität gelten, dass die mit dem Habitus zusammenhängenden sozialhistorischen und sozialhermeneutischen Fragen oft unter dem Stichwort „der vorchristliche

---

[61] Zu einem am Konzept der Person orientierten Ansatz vgl. Becker, Die Person des Paulus (2012); desgleichen Becker, Die Person des Paulus (2013); sowie den umfassenden Sammelband Becker/Pilhofer, Biographie und Persönlichkeit des Paulus.

Paulus"⁶² behandelt werden. Dagegen steht Bourdieus Beobachtung, dass eines der zentralen Charakteristika des Habitus die Hysteresis ist, d. h. die Trägheit sozial erworbener und inkorporierter Dispositionen auch unter gewandelten biographischen oder sozialen Bedingungen.

Kaum etwas deutet in der Darstellung der Apostelgeschichte darauf hin, dass der Habitus des Paulus – der im Wesentlichen die Aspekte Bildung, Mobilität, Kommunikativität, Bürger- und Arbeitsethos, Leiden-Können, die Orientierung an symbolischem Kapital und spezifische Distinktionshaltungen umfasst – durch die Christophanie vor Damaskus und die Hinwendung zum christlichen Weg signifikante Veränderungen erfahren hätte. Ein „vorchristlicher" und ein „christlicher" Habitus des Paulus lassen sich anhand der Apostelgeschichte nicht differenzieren und sind meines Erachtens sozialhistorisch auch nicht plausibel anzunehmen.

Doch die sozialhistorische Plausibilität des hier entworfenen paulinischen Habitus entscheidet sich nicht allein mit Blick auf die Apostelgeschichte. Es gilt auch die paulinischen Selbstzeugnisse einzubeziehen, um zu überprüfen, ob sie das gewonnene Bild vom Habitus des Paulus bestätigen, ergänzen oder in Frage stellen. Dabei verfolgen sowohl die Briefe des Paulus als auch die Apostelgeschichte kein dokumentarisches Interesse, sondern folgen einer rhetorischen bzw. literarischen Pragmatik. Der Vergleich der Briefe mit der Apostelgeschichte sollte daher nicht vorrangig biographische Details zu klären versuchen, um nicht in historiographischen Aporien zu enden. Lohnender scheint es dagegen, die grundlegenden Strukturen des paulinischen Habitus in beiden Textsorten miteinander zu vergleichen. Da der Habitus des Paulus jedoch bislang nicht Gegenstand der Studien zum Corpus Paulinum gewesen ist und meines Erachtens ein Desiderat der Forschung darstellt, kann ich mich hier nur auf einige skizzenhafte Beobachtungen beschränken:

Die Protopaulinen stützen das in der Apostelgeschichte gewonnene Bild von der überregionalen Mobilität des Paulus (vgl. exemplarisch Röm 15,22–29; Gal 1,15–21; 1 Kor 16,5–12). Die Briefe bezeugen zudem die habituellen Aspekte der Kommunikativität und der Bildung des Paulus, sind sie doch selbst als Inkorporationen kulturellen und sozialen Kapitals zu interpretieren. Aber auch das Arbeitsethos des Paulus (vgl. etwa

---

⁶² Vgl. Horn, Paulus Handbuch, 49–72; Schnelle, Paulus, 39–77.

1 Thess 2,9; 1 Kor 9,7–23) sowie die Haltung eines freien, loyalen Bürgers (vgl. Röm 13,1–7; 1 Kor 9,1–18) finden in den Briefen eine Bestätigung. Gleiches gilt für den Habitus des Leiden-Könnens (vgl. 1 Kor 9,24–27; 2 Kor 4,7–17; Phil 1,12–30) und die grundlegende Orientierung am Erwerb symbolischen Kapitals (vgl. 1 Kor 9,24–27; Röm 1,1–15; Gal 1,10–2,21). Schließlich sind es die spezifischen Distinktionshaltungen des Paulus, die in den Briefen einen breiten Raum einnehmen (vgl. allein 2 Kor 10,1–12,18). Vor allem die vehemente, wiederholte Verteidigung des Titels „Apostel", der für Paulus in den Briefen ein wesentlicher Ausdruck seines symbolischen Kapitals ist, ist hier im Gegenüber zur Darstellung der Apostelgeschichte von Bedeutung (vgl. 1 Kor 9,1–6; 1 Kor 15,6–11; 2 Kor 10,12–18; 2 Kor 11,12–15).[63]

Mögen auch sozialgeschichtliche Details wie die Bürgerrechtsfrage oder ökonomische Bewertung der paulinischen Berufspraxis weiterhin umstritten sein, so lassen sich die wesentlichen Züge der sozialhistorischen Darstellung des Paulus in der Apostelgeschichte – mit anderen Worten der dargestellte Habitus des Paulus – und die daran anschließende sozialhermeneutische Verortung des Paulus in einer regionalen Mittelschicht dennoch plausibilisieren. Das von Bourdieu entwickelte Habitus-Konzept kann hier zum einen als heuristisches Werkzeug der Textanalyse dienen und zum anderen eine hermeneutische Brücke zwischen den paulinischen Briefen und der Apostelgeschichte schlagen.

Der hier gewählte Weg über die sozialhistorische Analyse des Habitus (und damit verbundener Konzepte) ist dabei keinesfalls als harmonistisch misszuverstehen. Das Habitus-Konzept bietet vielmehr die Möglichkeit eines ebenso synthetischen wie dynamischen Ansatzes, der nicht nur Subjektivität und Strukturgebundenheit, sondern damit auch soziale, psychologische, bildungsmäßige, religiöse, politische und identitäre Aspekte zu integrieren und in ihren Interdependenzen wie auch Spannungsverhältnissen zu beschreiben vermag. Für die sozialhistorisch orientierte Paulus- wie Acta-Forschung birgt der Begriff des Habitus daher meines Erachtens ein weitreichendes und bislang wenig ausgeschöpftes hermeneutisches Potential.

---

[63] Vgl. Frey, Paulus und die Apostel. Lohnend wäre an dieser Stelle eine wiederum an Bourdieu orientierte Untersuchung der sozialen Bedeutung von Titeln. Vgl. Bourdieu, Die feinen Unterschiede, 39–115.

5. Literatur

Géza Alföldy: Römische Sozialgeschichte, 4. Auflage, Stuttgart 2011.
Stefan Alkier/Rainer Kessler/Michael Rydryck: Wirtschaft und Geld, Lebenswelten der Bibel 1, Gütersloh 2016.
Eve-Marie Becker/Peter Pilhofer (Hg.): Biographie und Persönlichkeit des Paulus, WUNT 187, Tübingen 2005.
Eve-Marie Becker: Die Person des Paulus, in: Wischmeyer, Oda (Hg.): Paulus. Leben – Umwelt – Werk – Briefe, 2. Auflage, Tübingen/Basel 2012, 129–141.
Eve-Marie Becker: Die Person des Paulus, in: Horn, Friedrich Wilhelm (Hg.): Paulus Handbuch, Tübingen 2013, 128–134.
Pierre Bourdieu: Entwurf einer Theorie der Praxis auf der ethnologischen Grundlage der kabylischen Gesellschaft, 3. Auflage, Frankfurt am Main 2012.
Pierre Bourdieu: Die feinen Unterschiede. Kritik der gesellschaftlichen Urteilskraft, 26. Auflage, Frankfurt am Main 2016.
Karl Christ: Grundfragen der römischen Sozialstruktur, in: Christ, Karl: Römische Geschichte und Wissenschaftsgeschichte. Band 2: Geschichte und Geschichtsschreibung der Römischen Kaiserzeit, Darmstadt 1983, 152–176.
Karl Christ: Geschichte der römischen Kaiserzeit. Von Augustus bis Konstantin, 5. Auflage, München 2005.
Eva Ebel: Das Leben des Paulus, in: Wischmeyer, Oda (Hg.): Paulus. Leben – Umwelt – Werk – Briefe, 2. Auflage, Tübingen/Basel 2012, 105–118.
Egon Flaig: Ritualisierte Politik. Zeichen, Gesten und Herrschaft im Alten Rom, Historische Semantik 1, Göttingen 2003.
Jörg Frey: Paulus und die Apostel. Zur Entwicklung des paulinischen Apostelbegriffs und zum Verhältnis des Heidenapostels zu seinen „Kollegen", in: Becker, Eve-Marie/Pilhofer, Peter (Hg.): Biographie und Persönlichkeit des Paulus, WUNT 187, Tübingen 2005, 192–227.
Jörg Frey: Die religiöse Prägung: Weisheit, Apokalyptik, Schriftauslegung, in: Horn, Friedrich Wilhelm (Hg.): Paulus Handbuch, Tübingen 2013, 59–66.
Gerhard Fröhlich: Einverleibung *(incorporation)*, in: Fröhlich, Gerhard/Rehbein, Boike (Hg.): Bourdieu Handbuch. Leben – Werk –Wirkung, Stuttgart 2014, 81–90.
Werner Fuchs-Heinritz/Alexandra König: Pierre Bourdieu. Eine Einführung, 3. Auflage, Konstanz/München 2014.
Dieter Georgi: Der Armen zu gedenken. Die Geschichte der Kollekte des Paulus für Jerusalem, 2. Auflage, Neukirchen-Vluyn 1994.
Martin Hengel: Eigentum und Reichtum in der frühen Kirche. Aspekte einer frühchristlichen Sozialgeschichte, Stuttgart 1973.
Rudolf Hoppe/Kristell Köhler (Hg.): Das Paulusbild der Apostelgeschichte, Stuttgart 2009.
Friedrich Wilhelm Horn (Hg.): Paulus Handbuch, Tübingen 2013.

Eva-Maria Kaufmann: Sokrates, dtv portrait, München 2000.
Beate Krais/Gunter Gebauer: Habitus, 6. Auflage, Bielefeld 2014.
Emanuel Mayer: The Ancient Middle Classes. Urban Life and Aesthetics in the Roman Empire 100 BCE – 250 CE, Cambridge, Mass./London 2012.
Rainer Metzner: Die Prominenten im Neuen Testament. Ein prosopographischer Kommentar, NTOA 66, Göttingen 2008.
Karl-Wilhelm Niebuhr: Name, Herkunft, Familie, in: Horn, Friedrich Wilhelm (Hg.): Paulus Handbuch, Tübingen 2013, 49–55.
Karl-Wilhelm Niebuhr: Pharisäer in Jerusalem, in: Horn, Friedrich Wilhelm (Hg.): Paulus Handbuch, Tübingen 2013, 72–75.
Karl Leo Noethlichs: Der Jude Paulus – ein Tarser und Römer?, in: Haehling, Raban von (Hg.): Rom und das himmlische Jerusalem. Die frühen Christen zwischen Anpassung und Ablehnung, Darmstadt 2000, 53–84.
Heike Omerzu: Tarsisches und römisches Bürgerrecht, in: Horn, Friedrich Wilhelm (Hg.): Paulus Handbuch, Tübingen 2013, 55–58.
Platon: Symposion, gr.-dt., übers. von Rudolf Rufener, mit einer Einf., Erl. und Literaturhinweisen von Thomas A. Szlezák, Sammlung Tusculum, Düsseldorf 2002.
Boike Rehbein: Die Soziologie Pierre Bourdieus, 2. Auflage, Konstanz 2011.
Boike Rehbein/Gernot Saalmann: Habitus *(habitus)*, in: Fröhlich, Gerhard/Rehbein, Boike (Hg.): Bourdieu Handbuch. Leben – Werk –Wirkung, Stuttgart 2014, 110–118.
Udo Schnelle: Paulus. Leben und Denken, 2. Auflage, Berlin/Boston 2014.
Michael Sommer: Wirtschaftsgeschichte der Antike, München 2013.
Ekkehard W. Stegemann/Wolfgang Stegemann: Urchristliche Sozialgeschichte. Die Anfänge im Judentum und die Christusgemeinden in der mediterranen Welt, 2. Auflage, Stuttgart 1997.
Maja Suderland: Hystersis *(hystérésis)*, in: Fröhlich, Gerhard/Rehbein, Boike (Hg.): Bourdieu Handbuch. Leben – Werk –Wirkung, Stuttgart 2014, 127–129.
Tor Vegge: Paulus und das antike Schulwesen. Schule und Bildung des Paulus, BZNW 134, Berlin 2006.
Tor Vegge: Die kulturelle Prägung: Sprache, Erziehung, Bildung, in: Horn, Friedrich Wilhelm (Hg.): Paulus Handbuch, Tübingen 2013, 66–72.
Alexander Weiß: Soziale Elite und Christentum. Studien zu *ordo*-Angehörigen unter den frühen Christen, Millenium-Studien 52, Berlin/Boston 2015.
Wolfgang Will: Der römische Mob. Soziale Konflikte in der späten Republik, Darmstadt 1991.
Oda Wischmeyer (Hg.): Paulus. Leben – Umwelt – Werk – Briefe, 2. Auflage, Tübingen/Basel 2012.

Von Stadt zu Stadt. Paulos als wandernder Handwerker und die ökonomisch motivierte Mobilität in der frühen Kaiserzeit

Dorothea Rohde

1. Quellenarmut und verfeinertes Methodenrepertoire

Im Vergleich zu späteren Epochen sind diejenigen Jahrhunderte, die traditonell das Arbeitsfeld der Althistorie bilden, generell geprägt von Quellenarmut. Viele antike Zeugnisse bieten einen so offensichtlich überformten Blick auf die damaligen Verhältnisse, dass die Auffassung kursiert, eine Realität hinter dem Text sei nicht erkennbar; in der Folge wurden ganze Werke, darunter auch die Apostelgeschichte, samt und sonders verworfen.[1] Eine solche Vorstellung führt nicht nur in die Aporie und reduziert die althistorische Untersuchung letztlich auf die eines Philologen, sondern sie operiert auch mit Glaubwürdigkeitsansprüchen, welche dieselben methodischen Maßstäbe an die antiken Quellen wie an die moderne Forschung anlegt; kein antiker Autor verstand jedoch unter seinem Metier das Zusammenstellen reiner Faktensammlungen. Es ist und bleibt daher eine vielfach gestellte Frage, wie mit solch von Diskursen durchdrungenen Quellen methodisch umzugehen sei.

Die moderne Homer-Forschung unterscheidet beispielsweise zwischen unbetonten Hintergrundschilderungen und dem erzählerischen Vordergrund. Während letzterer den mythischen Aktionsraum der Heroen kennzeichnet, spiegelt ersterer die aktuelle alltägliche Lebenswelt zur Abfassungszeit der Epen wider. Die unbetonten Hintergrundschilderungen erlauben also die historische Rekonstruktion der Welt um 700.[2] Dieses Konzept wurde auch für andere Autoren und Epochen der Antike

---

[1] Zur Forschungsgeschichte im Zusammenhang mit der Einschätzung der Historizität der Apostelgeschichte siehe Weiß, Soziale Elite und Christentum, 29–50.
[2] Vgl. Raaflaub, Homer, und ders., Headache, mit jeweils weiterer Literatur.

nutzbar gemacht.³ Ähnliche methodische Überlegungen billigen „*en passant*-Bemerkungen", die gerade nicht zentraler Gegenstand der Darstellung sind, eine höhere Glaubwürdigkeit zu, da bei diesen die Gefahr bewusster Stilisierung geringer erscheint;⁴ ebenso können tendenzneutrale Nachrichten, also Äußerungen, die nicht die unmittelbare Darstellungsabsicht des Autors berühren oder ihr sogar entgegenstehen, höhere Glaubwürdigkeit beanspruchen.⁵

All diesen Entwürfen ist gemein, dass sie zwei Diskursebenen der antiken Texte unterscheiden:⁶ Die eine umfasst alle Mitteilungen, von denen anzunehmen ist, dass es im Interesse des Autors lag, sie entsprechend seiner Intention zu gestalten. Die andere konstituiert sich aus eher zufälligen Bemerkungen, die keinen dichterischen Gestaltungswillen vermuten lassen. Demnach bildet die Relation von bewusst und unbewusst übermittelten Nachrichten das maßgebliche Kriterium, den Aussagewert von literarischen Texten für die Sozial-, Wirtschafts-, Kultur- oder politische Geschichte zu bestimmen. Zusätzlich bildet der Vergleich mit Parallelüberlieferungen eine Möglichkeit, die Glaubwürdigkeit des *en passant*-Berichteten zu kontrollieren.

Auf der Basis dieser methodischen Vorüberlegungen lässt sich die Apostelgeschichte für Untersuchungen der antiken Wirtschaftsgeschichte nutzbar machen. Es geht demnach im Folgenden nicht darum, das Lokalkolorit oder die Detailkenntnis der Acta durch außerchristliche Überlieferungen zu erweisen, um sich so ihrem Wahrheitsgehalt oder ihrer historischen Zuverlässigkeit zu nähern. Die Zielrichtung ist hier eine andere: Wie Homer, Cicero, Tacitus und andere bewusst überformte Quellen auch, soll die Apostelgeschichte in die Sozial- und Wirtschaftsgeschichte der frühen Kaiserzeit eingeordnet werden. Dabei werden die Alltäglichkeit, Wiederholbarkeit und Routine der *en passant*-Bemerkungen anhand von Parallelüberlieferungen überprüft, um so die Reisen des Handwerkers Paulos als ökonomische Praxis in ihrem wirtschaftshistorischen Kontext zu bewerten.

---

3 Vgl. Stein-Hölkeskamp, Gastmahl, 16–17; 280 Anm. 2.
4 Vgl. Goldbeck, Salutationes, 29.
5 Vgl. Lotter, Methodisches, bes. 345–348.
6 Am klarsten erkannt und am kompliziertesten beschrieben hat dies Flaig, Kaiser, 14–37, der zwischen maximischen (auf die Ethik der Machtelite abzielenden) und berichthaften Diskurs unterschied.

2. Die städtische Wirtschaft in der frühen Kaiserzeit

Dem auf den wirtschaftshistorischen Hintergrund achtenden Leser der Acta fällt sogleich das städtische Milieu auf, das den Rahmen für die Apostelgeschichte bildet, während Landwirtschaft so gut wie keine Rolle spielt. Diese Konzentration auf die Stadt bei gleichzeitiger Vernachlässigung des Landes kehrt das Verhältnis von städtischer zur agrarischen Produktion um: Generell waren in vormodernen Ökonomien etwa neunzig Prozent der Bevölkerung in Ackerbau und Viehzucht tätig, um sich selber und die Stadtbewohner zu ernähren.[7] Demnach lebten und arbeiteten etwa sieben bis neun Millionen Menschen, also ein Achtel bis ein Neuntel der gesamten Bevölkerung des Römischen Reiches, in der Stadt.[8] Die Mehrzahl der ländlichen Bevölkerung bestand aus Kleinbauern, die sich selbst versorgten, zusätzlich jagten[9] und wildwachsende Pflanzen sammelten.[10] Selbst geringe Überschüsse brachten sie auf den lokalen Markt in der Stadt,[11] auf

---

[7] Vgl. Kehoe, Early Roman Empire, 578.
[8] Nicht alle Stadtbewohner waren in nichtagrarische Aktivität involviert; mancher lebte in der Stadt und besaß ein Stück Land, so dass sich daraus die verschiedenen Relationen von Stadt- und Landbewohnern bzw. von agrarischer und nichtagrarischer Produktion ergeben. Zu den Zahlen siehe Scheidel, Demography, 79. Ähnlich auch Kehoe, Early Roman Empire, 578, der acht bis neun Millionen Städter von insgesamt fünfzig bis sechzig Millionen Reichsbewohnern annimmt. Etwas vorsichtiger kalkuliert Bruce W. Frier (Frier, Demography, 813, der von fünf bis sieben Millionen Menschen, die in Städten lebten, ausgeht.
[9] Dion. Chrys. or. 7.
[10] Colum. 12,7,1.
[11] Im *Moretum* genannten Gedicht, das unter dem Namen Vergils überliefert ist und wahrscheinlich aus augusteischer Zeit stammt, wird ein Besitzer eines kleinen Landstückes beschrieben, für den Hunger ein alltägliches Szenario war. Zu seinem bescheidenen Besitz zählen neben dem Acker eine afrikanische Sklavin und ein Garten, in dem er Kräuter und verschiedene Gemüsesorten anbaut ([Vergil] Appendix Vergiliana, Moretum 77–81): „Aber dieser [der Garten] dient nicht seinem Herrn – wer nämlich lebt bescheidener als jener? – sondern dem Volk: an Markttagen trug er auf den Schultern die Bündel zum Verkauf in die Stadt, von dort kehrte er unbeschwert im Nacken, jedoch beschwert vom Gelde zurück, kaum jemals zusammen mit einer Ware vom städtischen Fleischmarkt." (Übersetzung bei Drexhage/Konen/Ruffing, Wirtschaft des Römischen Reiches, 233).

dem sie gegen eine geringe Standgebühr von etwa einem Obolos ihre Waren anbieten konnten.[12]

Die Stadt mit ihrer *per definitionem* mehrere tausend Menschen umfassenden Bevölkerung basierte auf Arbeitsteilung und verfügte daher über eine differenziertere soziale und wirtschaftliche Struktur als dörfliche Siedlungen, die sich auf dem Territorium einer Stadt befanden und rechtlich von ihr abhängig waren. Die Stadt erfüllte daher auch eine politisch-administrative, wirtschaftliche und religiöse Zentralortfunktion, die sich in der Mannigfaltigkeit der Bausubstanz – öffentliche Gebäude und Wohnblocks, Plätze zum Versammeln und Tempel der *sacra publica* etc. – und im Lebensstil widerspiegelte.[13]

Moderne Schätzungen gehen von etwa 2000 urbanen Zentren im Imperium Romanum aus.[14] Die am stärksten urbanisierten Regionen bildeten Italien, Ägypten und der griechische Osten, der – regionale Unterschiede in Rechnung gestellt – unter Augustus eine höhere Bevölkerungsdichte aufwies als der lateinische Westen, der erst mit dem in der frühen Kaiserzeit einsetzenden Wirtschafts- und Bevölkerungswachstum und der an Fahrt gewinnenden Romanisation eine Vielzahl neuer *civitates* sah.[15] Unter allen Städten nahm die Millionenmetropole Rom eine Ausnahmestellung ein, doch auch die östlichen Provinzen verfügten im ersten Jahrhundert, im Gegensatz zum Westen des Imperium Romanum, über *poleis* mit teils sehr großen Einwohnerzahlen. Abgesehen von Alexandreia und Apameia hatte Paulos sie alle besucht; Antiocheia, Ephesos, Pergamon, Smyrna, Athen und Korinth wiesen Bewohnerzahlen im oberen fünfstelligen, vielleicht sogar im unteren sechsstelligen Bereich auf; eine Vielzahl weiterer urbanen Zentren zählten etwa zehn bis fünfzehntausend Menschen sowohl in dem *asty* als auch in der *chora*.[16] Diese hohen Bevölkerungszahlen wurden nicht nur durch eine ausgeklügelte Infrastruktur und eine leistungsfähige Bedarfsdeckung ermöglicht, sondern vor allem auch durch einen steten Zustrom an Migranten, der nötig war, um den

---

[12] Standgebühr von einem Obolos pro Händler und Tag: Vgl. P. Köln 4/195: Text aus Arsinoites (?) aus dem 2. oder 3. Jh. n. Chr.
[13] Vgl. Kolb, Stadt im Imperium Romanum, 197.
[14] Vgl. Kolb, Stadt im Imperium Romanum, 196; Scheidel, Demography, 78.
[15] Vgl. Alcock, Eastern Mediterranean, 677.
[16] Vgl. Alcock, Eastern Mediterranean, 677.

natürlichen Schrumpfungsprozess antiker Städte mit ihren (im Vergleich zum Land) ungesunden Lebensbedingungen auszugleichen.[17]

Der hohe Urbanisierungsgrad, das Bevölkerungswachstum und die hohe Mobilität sind Folgen des allgemeinen wirtschaftlichen Aufschwungs der ersten beiden nachchristlichen Jahrhunderte. Nachdem Augustus mit dem Sieg über Antonius und der Eroberung Alexandreias das letzte hellenistische Königreich dem Römischen Reich hinzugefügt hatte, kehrte nach Generationen von Bürgerkriegen Friede ein. Und es war nicht nur eine Friedhofsruhe. Das Imperium Romanum entwickelte sich in den ersten beiden nachchristlichen Jahrhunderten zum produktivsten und wirtschaftlich fortschrittlichsten Reich der Antike: Die (schwierig in ihrer Aussagekraft zu interpretierenden) Funde von Schiffswracks zeigen, dass das Seehandelsvolumen in der Zeit zwischen 200 v. Chr. und 200 n. Chr. ein Niveau erreichte, das erst wieder im 16. Jahrhundert erzielt wurde.[18] Auch das Handwerk erlebte einen spürbaren Aufschwung, der sich durch archäologische Zeugnisse,[19] aber auch durch die Luftverschmutzung nachweisen lässt, die im Eis von Grönland ihre Spuren hinterließ und die anzeigt, dass das für die Produktionsprozesse benötigte Holz in enormen Mengen während der zweihundert Jahre um die Zeitenwende verbrannt wurde.[20] Das beschleunigte Bevölkerungswachstum,[21] der Prosperität anzeigende gestiegene Fleischverzehr[22] und die sich in den westlichen Provinzen abzeichnende „Konsumrevolution"[23] belegen, dass nicht nur eine kleine Elite vom Wirtschaftsaufschwung profitierte, sondern auch eine wohlhabende Mittelschicht, die in etwa zehn Prozent der Gesamtbevölkerung ausmachte.[24] Ohne den hohen Grad an

---

17 Vgl. Scobie, Slums; Frier, Demography, 813; Woolf, Roman Urbanziation, 9.
18 Siehe die Graphik bei Kehoe, Early Roman Empire, 548.
19 Vgl. Hitchner, Advantages of Wealth an Luxury, 213–217, mit weiterer Literatur.
20 Vgl. Wilson, Machines, mit der Graphik auf S. 26.
21 Vgl. Hitchner, Advantages of Wealth and Luxury, 208, 212, 219.
22 Vgl. Jongman, Early Roman Empire, 604–605, für Italien.
23 Vgl. Hitchner Advantages of Wealth and Luxury, 218. Unter dem Begriff versteht man die relativ plötzlich gestiegene, durch archäologische Funde belegte Nachfrage an exotischen Produkten, die ein geändertes Konsumverhalten anzeigen.
24 Vgl. Kehoe, Contract Labor, 115.

elementarer Bildung wäre eine solche allgemeine Produktionssteigerung nicht möglich gewesen.

Weitere Gründe lassen sich anführen: Die *pax Romana*, der Friede im Inneren, und die Stabilität des politischen Systems schafften das für langfristige Investitionen notwendige Vertrauen in ein Rechtssystem, das nun den gesamten Mittelmeerraum umfasste und genauso einheitlich war wie das Münzsystem, das den Warenaustausch über lokale Grenzen hinweg erleichterte. Niedrige Zölle und moderates Steuersystem beließen den erworbenen Wohlstand in privater Hand, so dass liquide Mittel bereit gestellt werden konnten, während der Kaiser ebenfalls enorme Geldmittel in den Wirtschaftskreislauf einführte; allein die Personengruppen, denen die *principes* aus machtpolitischen Gründen ein regelmäßiges Auskommen garantieren mussten, verfügten über eine erhebliche Kaufkraft: Die Besoldung des Heeres betrug in etwa 180 Millionen Sesterzen, des gesamten Heeres sogar 400 bis 450 Millionen und die Beamten bzw. das Hilfspersonal erhielten jährlich etwa 50 bis 55 Millionen Sesterzen.[25] Zudem investierten die Kaiser, als mit dem Ende der Germanenkriege unter Tiberius auch der kostenintensive Expansionswille nachließ und keine außenpolitischen Bedrohungen schreckten, in die städtische, insbesondere in die maritime Infrastruktur.[26] Der Bauboom des ersten und zweiten Jahrhunderts verschaffte nicht nur den darin involvierten Handwerkern Einkünfte, sondern die Konstruktion von Hafenanlagen und Kanälen verringerte auch Transport- und Transaktionskosten[27] und erhöhte die Bereitschaft, in Handelsgeschäfte zu investieren oder Kredite für derartige risikoreiche Aktivitäten zu gewähren.[28] Der intensivierte Seehandel erleichterte den für wirtschaftliches Handeln unabdingbare Informationsfluss über lukrative Absatzmärkte und günstige Produktangebote, aber auch über neue Anbaustrategien und technische Innovationen, so dass städtische Handwerker ihre Produktivität steigern und Landwirte neue Anbauflächen nutzbar machen konnten. Bewässerungsanlagen (Zisternen sowie große und kleinere Re-

---

[25] Vgl. Wolters, Nummi signati, 213–218.
[26] Vgl. Hitchner Advantages of Wealth and Luxury, 210.
[27] Vgl. Hitchner Advantages of Wealth and Luxury, 210–211; Lo Cascio, Early Roman Empire, 625.
[28] Whittaker, Indian Trade, 170.

servoirs) aus römischer Zeit zeugen von der Produktionssteigerung und dem merklichen Aufschwung der ländlichen Siedlungen in Iudaea/Palaestina;[29] in manchen Gegenden, u. a. in Afrika, Syrien und Kleinasien, erreichte die landwirtschaftliche Produktivität in der frühen und hohen Kaiserzeit einen so hohen Stand, wie er erst wieder im 20. Jahrhundert erlangt werden konnte.[30]

Landwirtschaftliche Produktion und städtische Entwicklung hingen eng zusammen, da die städtische Population des Imperium Romanum neben dem Heer und der Hauptstadt Rom den größten Bedarf an Gütern, Waren und Nahrungsmitteln entwickelte.[31] Gleichzeitig bildete auch die ländliche Bevölkerung im Umkreis der Stadt einen entscheidenden Faktor für die Prosperität des städtischen Handwerks. Wie beispielsweise für das römische Korinth gezeigt werden konnte, versorgte die Stadt die ländlichen Arbeitskräfte mit Produkten, so dass gerade der Wohlstand der kleineren Landbewohnern und Landpächter, die städtische Wirtschaft stimulierte.[32]

3. Der Diskurs der landbesitzenden Elite und das Selbstbewusstsein der städtischen Handwerker

Wenn in der Apostelgeschichte von Landbesitz die Rede ist, dann ist damit nicht die bescheidene Welt des Kleinbauern gemeint, der die überwiegende Mehrheit der Reichsbewohner stellte. Nur an vier Stellen wird der Erwerb, Besitz oder Verkauf eines Landgutes thematisiert, das in diesem Zusammenhang als Chiffre für Wohlstand dient,[33] während zur Mie-

---

29   Vgl. Alcock, Eastern Mediterranean, 679.
30   Drexhage/Konen/Ruffing, Wirtschaft des Römischen Reiches, 62. Zu Afrika siehe Mattingly/Hitchner, Roman Africa, 189–198; zu Syrien Tate, Syrian Countryside, und zu Kleinasien Mitchell, Anatolia, 143–197, sowie Strobel, Galater, 70–98.
31   Vgl. Kehoe, Early Roman Empire, 575–580.
32   Vgl. Engels, Roman Corinth.
33   (1) Judas kaufte vom Lohn seines Verrates ein Stück Land (χωρίον) (Apg 1,18–19). (2) Kein Mitglied der Jerusalemer Gemeinde leidet Not, da die Wohlhabenden ihren Besitz auf dem Land (χωρία) und ihre Stadthäuser (οἶκοι) verkauften und den Erlös der Gemeinde zur Verfügung stellten (Apg 4,34). (3) Das Fest-

te wohnen als Zeichen für ein bescheidenes Leben fungiert.[34] Damit ist freilich nicht gesagt, dass Paulos und die frühen Christusanhänger tatsächlich mittellos waren, sondern der Autor der Apostelgeschichte griff einen in der griechisch-römischen Antike weitverbreiteten elitären Diskurs auf, den Cicero und Seneca im 1. Jahrhundert v. Chr. bzw. 1. Jahrhundert n. Chr. nochmals befeuerten. Wie vor ihnen bereits Platon, Aristoteles und Xenophon priesen sie die Landwirtschaft und diffamierten handwerkliche Tätigkeiten.[35] Die Konstanz und allgemeine Gültigkeit

---

halten an Besitztümern, symbolisiert durch das Einbehalten eines Teiles des Verkaufserlöses, bringt Verderben (Apg 5,1–11). (4) „Der Erste der Insel (Melite/Malta)" nahm Paulos auf seinen Ländereien auf (Apg 28,7).

[34] So wird von Paulus gesagt, dass er in Rom in seinem eigenen gemieteten Haus (ἐν ἰδίῳ μισθώματι) wohnte und alle aufnahm, die zu ihm kamen (Apg 28,30).

[35] Cic. off. 1,150. (1. Jh. v. Chr.): „Bezüglich Handwerksarbeiten und Erwerbszweige, welche eines freigeborenen Mannes würdig, welche für unanständig zu halten sind, haben wir bereits ungefähr Folgendes vernommen. Zuerst werden diejenigen Erwerbszweige missbilligt, die dem Hass der Menschen anheimfallen, wie die der Zolleinnehmer und Geldverleiher. Als eines Freien unwürdig aber und unanständig gelten die Erwerbszweige aller Tagelöhner, deren Dienste, nicht deren künstlerische Leistungen bezahlt werden; denn in ihrem Fall ist der Lohn selbst ein Handgeld für Dienstbarkeit. Auch müssen diejenigen als unanständig erachtet werden, die von Großhändlern kaufen, was sie sofort wieder verkaufen; denn sie dürften nicht davon profitieren, wenn sie nicht sehr schwindeln; und in der Tat gibt es nichts Schändlicheres als Unredlichkeit. Auch alle Handwerker betreiben ein unanständiges Gewerbe; denn eine Werkstatt kann nichts Anständiges an sich haben. Und keineswegs sind die Gewerbe zu billigen, die Dienerinnen des Vergnügens sind: ‚Seefischhändler, Metzger, Köche, Geflügelmäster, Fischhändler', wie Terenz sagt. Nimm noch hinzu, wenn es beliebt, Salbenhändler, Pantomimen und das ganze Tanzspiel." – Vgl. auch Sen. ep. 88,21–23: „Poseidonius sagt, dass es vier Arten von Künsten gebe: Es gibt die vulgären und schmutzigen, es gibt die für das Vergnügen, es gibt die für Kinder und es gibt die freien (d. h. eines Freien würdigen) Künste. Vulgäre (Künste) sind die der Handwerker, die mit der Hand verrichtet werden und zum Lebensunterhalt dienen, in denen es keinen Anschein von Ziemlichem und Ehrenhaftem gibt. [...] Allein aber die Künste sind (wirklich) eines Freien würdig – nein, um es wahrhaftiger zu sagen, freie Künste, die sich um Tugend bemühen." Zur Geringschätzung handwerklicher und Handelstätigkeiten siehe Grassl, Sozialökonomische Vorstellungen, 101–111.

dieses ökonomischen Normenideals zeigt sich u. a. darin, dass auch für Plinius das Land als einzig ehrliche Einkommensquelle galt.[36]

Den Lebensunterhalt eigenhändig in der Stadt zu verdienen, war demnach in der Elite nicht gut beleumundet. Genau das tat aber Paulos, so dass die Apostelgeschichte hier einen Kontrapunkt zu dieser Fremdwahrnehmung setzt und *en passant* dem Selbstbewusstsein der städtischen Handwerker eine literarische Stimme verleiht, die wir sonst nur aus epigraphischen, papyrologischen und archäologischen Zeugnissen kennen. Besonders beeindruckend ist das Grabmahl des Großbäckereibesitzers Eurysaces in Rom aus augusteischer Zeit, aber eine Vielzahl weiterer, wesentlich bescheidenere Grabmonumente formulieren aus der Selbstsicht den Stolz auf die eigene handwerkliche Tätigkeit.[37]

Derlei Handwerker waren normalerweise fest in der Stadt verwurzelt, weil sie sich auf bestimmte Produkte für den lokalen Markt spezialisiert hatten. Ein anschauliches Beispiel für das Selbstbewusstsein der Handwerker, ihrer ökonomisch motivierten Ortsbindung und der sich daraus ableitenden lokalen Identität sind die ephesischen Silberschmiede, die silberne Devotionalien für den weltberühmten Artemiskult herstellten.[38] Manche derartiger städtischen Gewerbe konzentrierten sich in bestimmten Straßen und Vierteln, so dass die räumliche Nähe zu Konkurrenz und in der Folge zur Produktverbesserungen führte.[39] Andere Handwerkszweige waren an immobile Installationen und Infrastrukturen gebunden. Das Gerberhandwerk benötigt beispielsweise nicht nur Einbauten für die verschiedenen Arbeitsschritte, sondern vor allem auch große Mengen Wasser, weshalb der in der Apostelgeschichte genannte Simon seine Werkstätte am Meer besaß.[40]

---

[36] Plin. ep. 9,37,3.
[37] Vgl. beispielsweise das Gabmonument des Schmieds namens L. Cornelius Atimetus aus Rom aus der Mitte des 1. Jahrhunderts (CIL XII 722 = ILS 7715): „Er [der Verstorbene] besaß die höchste Fertigkeit im Metier, Eifer, Gelehrsamkeit und sittsames Verhalten; große Künstler *(artifex)* nannten ihn stets Meister." – Zur Selbstdarstellung von Händlern und Handwerkern siehe Drexhage, Selbstverständnis arbeitender Menschen.
[38] Vgl. Apg 19,23–40. Zu den Silberschmieden siehe Rohde, Individuum und Stadtgemeinde, 288–293.
[39] Vgl. Drexhage/Konen/Ruffing, Wirtschaft des Römischen Reiches, 113–114.
[40] Vgl. Apg 9,43; 10,6.32.

Für Paulos, der sich seinen Lebensunterhalt als Zeltmacher verdiente[41] und sich zeitweise mit anderen Handwerkern desselben Metiers zusammentat,[42] galt dies nicht: Seine Tätigkeit war weder auf einen lokalen Markt spezialisiert, noch benötigte er kostenaufwendige Infrastrukturen. Vieles ist über den Beruf des Zeltmachers allerdings nicht bekannt: Auch wenn die heute noch erhaltenen Reste nahelegen, dass Zelte in der Antike traditionell aus Leder gefertigt waren, hat die experimentelle Archäologie die Vorteile von Segeltuch (aus Leinen bzw. Leinen-Hanf-Gemischen) für die Zeltproduktion erkannt. Daher liegt es nahe, dass Paulos, der aus Tarsos, einem Produktionszentrum für Leinen, stammte, auch mit diesem Werkstoff arbeitete.

Seine Berufsbezeichnung sollte jedoch nicht zu wörtlich genommen und sein Handwerk zu eng umrissen verstanden werden: Zum einen sind Personen bekannt, die nacheinander in derselben Wirtschaftssparte verwandte Tätigkeiten ausübten,[43] zum anderen befähigten die Ausbildung im Zuschneiden sowie Vernähen von schweren Stoffen bzw. Leder und Kenntnisse der Spannkonstruktion mit hölzernen Streben und Seilen, auch ähnliche Produkte herzustellen, wie auch *fabri tignuarii* nicht nur diejenigen Handwerker genannt wurden, die mit Holz arbeiteten, sondern alle, die im Bauhandwerk tätig waren.[44] Beispielsweise verlangte die Fertigung von Sonnensegeln ähnliche Kompetenzen wie die Zeltherstellung. Derartige *vela* waren aus Leinen oder Hanf gearbeitet und sind nicht nur für das im Jahr 80 eingeweihte Kolloseum belegt, sondern auch für andere Theater und Amphitheater im gesamten Römischen Reich.[45]

---

[41] Vgl. Apg 18,3 mit 20,34.
[42] Vgl. Apg 18,1–3 und 18–19: Paulos trifft in Korinth auf Aquila und Priscilla, die dasselbe Handwerk ausüben und mit denen er nach Ephesos reist.
[43] So war ein gewisser Onesimos nacheinander als Ferkelgroßhändler, Metzger, Fleischhändler und Einpökler tätig gewesen. Zu Onesimos siehe Drexhage, Bemerkungen.
[44] Dig. 50,16,235,1: „Wir nennen *fabri tignuarii* nicht nur diejenigen, die Holz bearbeiten, sondern alle, die bauen."
[45] Früheste Erwähnung von *vela* bei Val. Max. 2,4,6 (für das Jahr 78 v. Chr.). Vitruv (10 praef. 3) spricht im 1. Jahrhundert v. Chr. wie selbstverständlich von solchen *vela*. Derartige Vorrichtungen sind archäologische für Pompeii, Arausio, Volaterrae und Aspendos wahrscheinlich gemacht, für Ephesos, Patara, Philadelphia und Abella inschriftlich nachgewiesen und papyrologisch (POxy. 17,2128) erwähnt. Siehe dazu Sear, Roman Theatres, 10–11.

Von Stadt zu Stadt

Selbst für die Verfertigung von Schiffsegeln konnten die spezialisierten Kompetenzen nutzbar gemacht werden.

Die Masse der in einer Stadt ansässigen freien Handwerker arbeitete wie Paulos auf eigene Rechnung und bildete mit höchstens zwei weiteren Arbeitskräften einen Kleinstbetrieb.[46] Der Besitzer einer solchen Werkstatt benötigte nicht nur handwerkliche, sondern vor allem auch betriebswirtschaftliche Kompetenzen.[47] Normalerweise fielen Wohnung, Werkstatt und Verkaufsräume zusammen. Derartige Räumlichkeiten wurden für mehrere Jahre vermietet,[48] konnten aber auch für kürzere Pachtfristen wiederum untervermietet werden.[49] Solche vorübergehenden Arrangements eröffneten Händlern und Handwerkern wie Paulos die Möglichkeit, mobil zu sein und ihren Lebensmittelpunkt auch kurzfristig zu verlagern.

---

[46] Vgl. Drexhage/Konen/Ruffing, Wirtschaft des Römischen Reiches, 250.

[47] Vgl. etwa die Beschreibung bei Aretaios 3,3,6: „Ein Zimmermann […] verstand es sehr gut, das Holz abzumessen, zu spalten, zu glätten, mit Nägeln zu befestigen, aneinanderzufügen, ein Gebäude mit viel Geschick aufzubauen, mit dem Lohnherrn zu verhandeln, einen Vertrag abzuschließen und für die Arbeiten den gerechten Lohn auszuhandeln."

[48] Vgl. beispielsweise ein Dipinto aus Pompeii (CIL IV 1136): „In den Besitzungen der Iulia Felix, Tochter des Spurius, werden ein höchst elegantes und bequemes Bad, Läden mit Räumen im Dachgeschoss und Wohnungen im Obergeschoss von den Iden des kommenden August bis zum 1. August des sechsten Jahres für fünf Jahre vermietet. Wenn der Zeitraum von fünf Jahren abgelaufen ist, endet der Vertrag ohne Übereinkunft." – Dazu Maiuri, Note d'epigraphia pompeiana, 154–159.

[49] P. Turner 37 (270 n.Chr.). Siehe dazu den Kommentar von Drexhage/Konen/Ruffing, Wirtschaft des Römischen Reiches, 257. Zur Vermietung von Häusern, Wohnungen und Räumen im kaiserzeitlichen Ägypten siehe Drexhage, Preise, Mieten/Pachten, Kosten und Löhne, 78–91.

4. Mobilität und Migration: „Dauernder Wechsel gehört eben zum Menschengeschlecht"[50]

Mobilität als Handlungsdisposition und -routine und Migration als tatsächliches Handeln lassen sich in regionale oder überregionale, in permanente oder zeitlich begrenzte, in individuelle oder kollektive, in freiwillige oder erzwungene Mobilität bzw. Migration unterscheiden.[51]

---

[50] Sen. dial. 12,7,3–5 (Trostschrift an Helvia; Übersetzung Rosen): „Leichtentschlossen zogen die Menschen durch unwegsames, unbekanntes Gelände. Ihre Kinder und Frauen und ihre vom Alter gebeugten Eltern nahmen sie mit. Manche wählten sich, nachdem sie lange umhergeirrt waren, nicht nach reiflicher Überlegung einen Platz, sondern erschöpft besetzten sie den nächstliegenden; andere verschafften sich auf fremder Erde mit Waffengewalt ihr Recht. Einige Stämme verschlang auf dem Marsch ins Ungewisse das Meer, und es gab welche, die ließen sich, weil sie überhaupt nichts mehr hatten, dort nieder, wo sie gerade waren. Auch hatten nicht alle denselben Grund, ihre alte Heimat zu verlassen und eine neue zu suchen. Die einen, die den Waffen der Feinde entkommen und des eigenen Landes beraubt waren, trieb die Zerstörung ihrer Wohnstätten in fremde Länder; andere verdrängte der innenpolitische Streit; dritte zwang das übermäßige Bevölkerungswachstum weg, damit die vorhandenen Ressourcen entlastet wurden; wieder andere verjagte die Pest oder häufige Erdbeben oder irgendwelche unerträglichen Missstände des armseligen Bodens; manche lockte die Kunde von einem fruchtbaren und hochgepriesenen Landstrich fort. Den einen führte dieser, den anderen jener Grund aus seiner Heimat. Eines jedenfalls ist offenkundig: Ein Verbleiben am Ort der Geburt gab es nicht. Dauernder Wechsel gehört eben zum Menschengeschlecht. Täglich verändert sich etwas auf dem großen Erdenrund: Fundamente neuer Städte werden gelegt, neue Völkernamen kommen auf, nachdem die alten ausgelöscht oder in einem größeren Volk aufgegangen sind."

[51] Zur Migration allgemein (ohne Berücksichtigung der Antike) siehe Bade, Enzyklopädie Migration in Europa; Oltmer, Was ist Migration? Speziell zur Migration in der Antike siehe Schmitt: Migration; Sonnabend, Migration; Angeli Bertinelli/Donati, Le vie della storia; Olshausen/Sonnabend, „Troianer sind wir gewesen"; Ligt/Tacoma, Approaching Migration. Auch wenn die am weitesten verbreitete Form permanenter oder zumindest langfristiger Migration im Sklavenverkauf bestand, erinnert sei an die in der Apostelgeschichte genannte Sklavin Rhode (Apg 12,13), spielt sie im vorliegenden Kontext, genauso wie Veteranen, die sich häufig an ihrem Einsatzort fern der Heimat niederließen, keine Rolle. Zu Versklavung und Deportation siehe Volkmann/Horsmann, Massenversklavungen; Kehne, Phänomenologie, Typologie und völkerrechtlichen Grundlage internationaler Massendeportationen.

Migration meint im Gegensatz zur Reise die (kurz- oder langfristige) Verlagerung des Lebensmittelpunktes. Die zurückgelegte Wegstrecke ist dabei nur von sekundärer Bedeutung, substanziell ist dagegen das Passieren einer geographischen, politischen, kulturellen oder auch mentalen Grenze; Migration führt daher notwendigerweise zu einer Konfrontation des Wandernden mit einer neuen Umgebung.[52] Ausschlaggebend ist dabei das subjektive Empfinden, eine Schwelle zu überschreiten, sodass eine solche Definition auch Binnenwanderungen innerhalb des Imperium Romanum und den kleinräumigen Ortswechsel erfasst.[53]

In diesem Sinne lassen sich die Wanderungen des Paulos als Migrationsbewegung klassifizieren; seine Reisen führten ihn in immer größer werdenden Kreisen aus dem syrischen Raum und der Levante nach Kleinasien, Nord- und Mittelgriechenland und schließlich quer über das Mittelmeer nach Rom. Auch wenn Paulos immer wieder nach Jerusalem zurückkehrte, verlagerte er seinen Lebensmittelpunkt für mehrere Jahre in verschiedene Städte, u. a. Korinth,[54] Ephesos[55] und Rom[56]. Auch Paulos hielt sich in Antiocheia längere Zeit auf.[57]

Dabei wertete Paulos seine Grenzüberschreitungen offenbar positiv als intellektuelle Horizonterweiterungen, wie der Vergleich mit einem anderen literarisch produktiven Migranten des 1. Jahrhunderts n. Chr. nahelegt: Der Dichter Ovid verbrachte als Exilant seine letzten zehn Lebensjahre in Tomi am Schwarzen Meer, wo er in Briefform gehaltene Trauerelegien schrieb. Sowohl die *Tristia* als auch die *Epistulae ex Ponto* beklagen durchweg das als bemitleidenswert empfundene Schicksal fern von Rom und lassen jedwede Spur von Integrationsbereitschaft oder auch nur Integrationsfähigkeit vermissen.[58] War Paulos mit seiner Migrationsbereitschaft und seinem mobilen Lebensstil also eine Ausnahme für die frühkaiserzeitliche Gesellschaft?

---

[52] Vgl. Sonnabend, Migration, 345.
[53] Vgl. Sonnabend, Migration, 344–345.
[54] Vgl. Apg 18,11.
[55] Vgl. Apg 19,10.
[56] Vgl. Apg 28,30.
[57] Vgl. Apg 11,25.
[58] Vgl. Sonnabend, Ovid in Tomi, 40–48, und ders., Migration, 346.

4.1. Lokale, regionale und überregionale Mobilität

Die routinierteste Form von Mobilität war die Überwindung von kurzen Distanzen zwischen benachbarten Städten bzw. Siedlungen oder vom städtischen Territorium auf den lokalen Markt. Im Normalfall legte ein Bauer den Weg an einem Tag zurück; im Idealfall ging er morgens in die Stadt und kehrte abends wieder auf sein Landgut zurück. Eine solche lokale Mobilität lässt sich nicht in absoluten Weglängen angeben, da die jeweiligen topographischen Bedingungen unterschiedlich waren. Durchschnittlich erstreckte sich das Einzugsgebiet auf eine Radius von etwa zehn bis zwölf Kilometer,[59] sodass eine Stadt mit ihrem Territorium eine Mikroregion bildete, die sich durch regelmäßige soziale Kontakte und Güteraustausch konstituierte.

Regionale Mobilität meint dagegen eine Reisezeit für eine einfache Strecke von ungefähr bis zu fünf Tagen.[60] Derartige Weglängen ließen sich logistisch noch relativ einfach bewältigen, sodass soziale, politische und wirtschaftliche Kommunikation alltäglich, wiederholbar und routiniert war. Eine Region ist daher nicht allein geographisch oder ökologisch, sondern vor allem als sozialer, politischer und wirtschaftlicher Interaktionsraum definiert.[61] Demnach hing die Größe einer Region vom Informationsfluss, von den vorhandenen Ressourcen und benötigten Produkten ab. Anschaulich wird dies von Apuleius beschrieben, der verdeutlicht, dass auch Kleinhändler des täglichen Bedarfs regional (und nicht nur lokal) agierten.[62] Aber auch Handwerker machten sich auf den

---

[59] Vgl. Schneider, Geschichte der antiken Technik, 72. Anders Finley, Die antike Wirtschaft, 149, der von sechs bis acht Kilometern ausgeht.

[60] Etwas anders Alcock, Eastern Mediterranean, 686 und Woolf, Movers and Stayers, 451, die nur zwischen regionaler (Reisezeit von einem Tag bis zu wenigen Tagen) und überregionaler Mobilität (Reisezeit von fünf Tagen oder mehr) unterscheiden.

[61] Vgl. von Reden, Antike Wirtschaft, 13.

[62] Apul. met. 1,5,2 (2. Jh. n. Chr.): „Ich bin aus Aigina und treibe in Thessalien, Aitolien und Boiotien Handel mit Honig vom Ätna, mit Käse und so dergleichen Waren mehr, die in den Gasthäusern gebraucht werden. So habe ich denn einmal erfahren, dass in Hypata, der angesehensten Stadt in ganz Thessalien, frischer, wohlschmeckender Käse sehr günstig zu haben sei. Ich mache mich eiligst dahin auf, gleich den ganzen Vorrat wegzuschnappen. Allein ich armer Tropf musste zur bösen Stunde ausgegangen sein. Meine Hoffnung, kräftig Rei-

Weg, um ihre Produkte zu bestimmten Anlässen andernorts an den Mann zu bringen. Insbesondere größere Feste, kaiserliche Besuche oder die Ankunft des Statthalters mit seiner Entourage boten jahrmarktsähnliche Gelegenheiten, für die man auch mehrtägige Reisen auf sich nahm.[63]

Als überregionale Mobilität lässt sich dagegen ein Ortswechsel bestimmen, der fünf oder mehr Tage für eine einfache Wegstrecke in Anspruch nahm.[64] Die bestdokumentierteste überregionale Mobilität stellte der Fernhandel dar. Fernhändler sind vor allem epigraphisch belegt, die mit Stolz ihre gefährliche Tätigkeit dokumentierten.[65] In den Rechtstex-

---

bach zu machen, täuschte mich; als ich hinkam, hatte schon tags zuvor der Großhändler Lupus allen Käse weggekauft."

[63] Dion. Chrys. 35,15–16 (um 100): „[15] Ferner finden hier bei euch jedes zweite Jahr die Gerichtsverhandlungen statt und locken eine unübersehbare Menschenmenge herbei, Prozessierende, Richter, Redner, Stammesführer, Diener, Sklaven, Zuhälter, Maultiertreiber, Händler, Dirnen, Handwerker. So können die Besitzer ihre Waren um einen recht hohen Preis an den Markt bringen, und nichts in der Stadt ist unbeschäftigt, weder die Zugtiere noch die Häuser noch die Frauen. Und das ist kein geringer Beitrag zum allgemeinen Wohlstand. [16] Wo nämlich die größte Menschenmenge zusammenkommt, da muss auch das meiste Geld zusammenfließen, und man kann erwarten, dass der Ort gedeiht."

[64] Vgl. Woolf, Movers and Stayers, 451.

[65] So spricht ein Händler in seinem Grabepigramm davon, er habe viele Länder besucht und drei Mal dabei Schiffbruch erlitten (CIL IX 60, Brundisium): „Wenn es nicht lästig ist, Fremder, bleibe stehen und lies! / Mit segelbeflügelten Schiffen habe ich das große Meer oft befahren, / habe mich ziemlich vielen Ländern genaht: Dieser hier ist der Grenzstein, / den mir bei meiner Geburt die Parzen einst besangen. / Hier habe ich meine Sorgen abgelegt und alle Mühen; / Gestirne fürchte ich hier nicht noch Stürme noch tobendes Meer, / noch sorge ich mich, dass die Kosten gar den Gewinn übersteigen könnten. / Segenspendende Treue, dir danke ich, ehrwürdigste Göttin: / Dreimal halfst Du mir wieder auf, als ich durch zerbrochenes Glück erschöpft war: / Du bist würdig, dass dich sich sämtliche Sterbliche erwählen. / Fremder, lebe wohl! Möge Dir immer (der Gewinn) die Kosten übertreffen, / da du diesen Stein nicht verschmäht und ihn für würdig erachtet hast." Vgl. auch Petron. 76, wo Trimalchio erklärt, er habe fünf Schiffe gleichzeitig verloren. – Insofern ist das Glück des T. Flavius Zeuxis bemerkenswert, der nicht weniger als 36 Mal die Überfahrt nach Italien wagte. IvHierapolis 51 = SEG 51,1785bis (um 100 n. Chr.): „Titus Flavius Zeuxis, Handwerker (oder Werkstattbesitzer: ἐργαστής), der über das Kap Malea nach Italien 72 Mal segelte, hat das Grabmahl für sich selbst und für seine Kinder Flavius

ten tauchen sie im Zusammenhang mit der *cura annonae* als *navicularii* und *negotiatores* (bzw. *naukleroi* und *emporoi*) auf und bezeugen, wie sehr die Kaiser seit Augustus aus politischen Gründen darum bemüht waren, einen reibungslosen Transport von Getreide aus Ägypten oder Nordafrika nach Rom zu gewährleisten.[66] Einen besonders lebendigen Einblick in die überregionalen Reisen eines ägyptischen *navicularius* gewährt die Apostelgeschichte: Nachdem Paulos zunächst auf einem Schiff eines *naukleros* gereist war, der die Küste Kleinasiens abfuhr,[67] bestieg er in Myra ein alexandrinisches Schiff, das sich mit Getreide beladen auf dem Weg nach Italien befand.[68] Eine direkte Route vermied der Fernhändler; er versuchte, die gut geschützten und stark frequentierten Häfen der auf dem Weg liegenden Inseln zu nutzen.[69] Insbesondere steuerte er für die mehrmonatige Winterpause eine geeignete Stelle an.[70] Allerdings machte das Wetter seinen Plan zunichte; ein Schiffbruch zwang die Mannschaft, auf Melite (Malta) für drei Monate zu überwintern.[71] Von dort gelangte Paulos über Syrakus und Rhegium schließlich nach Puteoli,[72] dem damaligen Haupthafen Italiens für den Handel mit Nordafrika und dem östlichen Mittelmeerraum.[73] Von dort reiste Paulos wahrscheinlich auf der Getreideroute entlang der Küste mit einem kleinen Schiff bis nach Forum Appii und von dort weiter auf der Via Appia nach Rom.[74]

Derartige Fernhandelsreisen wurden in der Regel durch Seedarlehen finanziert, die bereits aus der klassischen Zeit bekannt sind: Ein Darlehensgeber gewährte einem Darlehensnehmer, meist einem *naukleros* oder *emporos*, einen Kredit zu einem sehr hohen Zinssatz. Als Pfand

---

Theodoros und Flavius Theudas und für denjenigen, dem sie es gewähren möchten, errichtet."
[66] Zur Lebensmittelversorgung Roms siehe zusammenfassend Erdkamp, Food Supply.
[67] Vgl. Apg 27,2.
[68] Vgl. Apg 27,5–6.38.
[69] Vgl. Apg 27,7–8.
[70] Vgl. Apg 27,12.
[71] Vgl. Apg 28,11.
[72] Vgl. Apg 28,12–13.
[73] Siehe zu Puteoli als Getreidehafen in der Kaiserzeit Camodeca, Puteoli porto annonario.
[74] Vgl. Apg 28,14–15.

diente in der Regel die Schiffsladung. Das besondere an dieser Art von Kredit war, dass der Darlehensnehmer den Kredit nicht zurückzahlen musste, wenn er unverschuldet – beispielsweise durch Havarie oder Piraterie – die Schiffsladung verlor. Aufgrund der hohen Gewinnaussichten bei gleichzeitig sehr hohem Risiko und vielen Betrugsmöglichkeiten wurden die Darlehensbedingungen detailliert geregelt.[75]

Wir wissen nicht, wie der *naukleros* der Apostelgeschichte seine Schiffsladung finanziert hatte; die Kosten für den Schiffbruch[76] musste er jedenfalls so oder so nicht selbst tragen, seit eine überregionale Getrei-

---

[75] P. Vindob. G 40822 (2. Jh. n. Chr.): Recto, Spalte 2: „-- deiner sonstigen Agenten und Verwalter. Und ich werde abwiegen und deinem Kameltreiber geben weitere 20 Talente für das Beladen für die Straße ins Binnenland nach Koptos, und ich werde die Güter unter Bewachung und gesichert durch die Wüste ins Binnenland zum öffentlichen Lagerhaus befördern, das in Koptos Steuern einnimmt, und ich werde sie unter sie auf dich oder auf deine Agenten oder auf die Person, die anwesend ist, überschreiben, bis ich sie auf den Fluss umgeschlagen habe, und ich werde sie zur vorgesehenen Zeit auf den Fluss schaffen, auf ein sicheres Boot, und ich werde sie stromabwärts ins Lagerhaus in Alexandreia befördern, das ein Viertel als Zoll erhält, und ich werde sie wieder auf dich oder deine Agenten überschreiben, wobei ich sämtliche künftige Kosten von jetzt an bis zur Zahlung des 25-prozentigen Zolls – die Kosten für die Beförderung durch die Wüste und die Kosten für die Bootsleute und für meinen Anteil an den sonstigen Aufwendungen – übernehmen werde. Was die Tatsache betrifft, dass – für den Fall, dass ich bei der im Darlehensvertrag von Muziris angegebenen Fälligkeit, das vorerwähnte Darlehen nicht in meinem Namen rechtmäßig tilge – du oder deine Agenten oder Verwalter die Möglichkeit und das volle Recht zur sofortigen, fristlosen Vollstreckung haben, wirst du das vorerwähnte Pfand als Eigentum besitzen und du wirst das eine Viertel bezahlen und die verbleibenden drei Viertel nach Belieben übertragen, verkaufen, beleihen, an eine dritte Partei abtreten und du wirst nach Belieben Maßnahmen für die verpfändeten Gegenstände treffen, sie auf eigene Rechnung zum dann gültigen Marktpreis verkaufen und alle Kosten in Rechnung stellen, die durch das vorerwähnten Darlehen entstehen, wobei, was solche Aufwendungen betrifft, sowohl du wie auch deine Agenten und Verwalter in gutem Glauben handeln und keinerlei Rechtsmittel gegen uns eingelegt werden können. Was deine Einlage betrifft, geht jede Deckungslücke oder jeder Überschuss zu meinen Lasten, des Schuldners und Pfandgebers -- […]." (Übers. M. Sommer). Siehe dazu auch Rohde/Sommer, Geschichte in Quellen – Antike: Wirtschaft, Nr. 2.3.12 mit Erläuterungen und weiterer Literatur.

[76] Vgl. Apg 27,18–19 mit 27,38.41.

deknappheit Kaiser Claudius gezwungen hatte, sich besonders um die hauptstädtische Getreideversorgung zu kümmern. Zu diesem Zweck gewährte er den Bauherren von Handelsschiffen Privilegien: römischen Bürgern die Befreiung von der *lex Papia Poppaea*, römischen Frauen das *ius trium liberorum* und Latinern das römische Bürgerrecht. Zusätzlich erstattete er Transporteuren die Kosten für in Winterstürmen verlustig gegangene Schiffe samt Ladungen, falls sie Getreide nach Rom lieferten.[77] Auf diese Weise wollte der Kaiser den Getreidetransport auch in den Monaten rentabel erscheinen lassen, in denen die Schifffahrt (wenn auch nicht ausschließlich, so doch hauptsächlich) ruhte.[78]

Paulos nutzte demnach für seine Reisen Kommunikationskanäle, die sich durch regionale und überregionale Handelsverbindungen formiert hatten. Womöglich bereitete er sein Kommen bereits im Vorfeld vor, um dann in der Fremde seinen Lebensunterhalt möglichst ohne Unterbrechung verdienen zu können. Wie man sich die Arbeitssuche wandernder Handwerker vorzustellen hat, lässt sich aus den papyrologischen Quellen Ägyptens erschließen. Grundlage war die Informationslage: Eine Person oder eine Gruppe von Personen hört von einer Stadt und wendet sich an denjenigen, von dem bekannt ist, dass er für die Einstellung von Handwerkern verantwortlich ist. Sein Kommen bereitet man, falls man bereits eine Ansprechperson namentlich kennt, brieflich vor, indem man sich als Experte eines bestimmten Gewerbes vorstellt und die Mitreisenden – häufig Familienangehörige, die denselben Beruf ausüben – nennt. Man beschreibt die Produktpalette, die man dem Arbeitgeber zu bieten hat, eventuell offeriert man auch, in dem spezialisierten Gewerbe auszubilden. Die Arbeitssuche schließt auch die Bitte um eine Unterkunft für die Zeit der Tätigkeit im fremden Haushalt ein.[79] Es ist unmittelbar ein-

---

[77] Sorge um die Getreideversorgung: Suet. Claud. 18–19. Hungerkrise: Apg 11,28. Sen. dial. 10,18,5. Privilegien und Kostenerstattung: Gai. inst. 1,32c. Cass. Dio 60,11,1.

[78] Zum Wintersegeln siehe Arnaud, Ancient Sailing-Routes, 70–71; Marzano, Snails, wine and winter navigation, 179 und 184 ff.

[79] PSI IV 341 (256 v. Chr.): „Zenon Gruß von den Brüdern Apollophanes (und) Demetrios, Fachleute in der Weberkunst der gesamten durch Frauenarbeit ausgeübten Wollweberei. Falls es Dir gut dünkt und Du zufällig Bedarf hast, sind wir bereit, Dir Dienste zu leisten. Als wir nämlich vom Ruhm der Stadt (Philadelphia) hörten und dass Du als Vorsteher (des an den Dioiketen Apollonios

leuchtend, dass Synagogen als städtische Kommunikationszentren derartige Informationen für wandernde Handwerker bereithielten.

4.2. Befristete und permanente Migration

Vor allem der Lauf der Jahreszeiten rhythmisierten zeitlich befristete Ortswechsel, so dass Saisonarbeit ein weit verbreitetes, wenn auch kaum in den Quellen fassbares ökonomisches Phänomen war: Erntehelfer strömten während der landwirtschaftlich intensivsten Zeit des Jahres aufs Land, Lager- und Dockarbeiter während der Schifffahrtssaison in die Häfen oder Bauhandwerker in den Sommermonaten auf die städtischen Großbaustellen.[80] In der Regel überwanden derartige Saisonarbeiter nur verhältnismäßig kurze Wege. Dagegen brachte der Beruf des Fernhändlers befristete, saisonalbedingte Ortswechsel über weite Distanzen mit sich. So legten die *navicularii*, die Getreide aus Ägypten nach Italien transportierten, die Strecke Alexandreia-Puteoli-Alexandreia, ab dem

---

vergebenen Lehenslandes) gut und gerecht seist, hielten wir es für richtig nach Philadelphia zu Dir zu kommen – wir selbst, (unsere) Mutter und die Ehefrauen. Damit wir nun Arbeit haben, beschäftige uns, falls es Dir gut scheint. Wir fertigen nach Wunsch Mäntel, Kleider, Gürtel, Bekleidung, Degengehenk, Tücher, für Frauen geschlitzte (Gewänder), Umschlagtücher, langes Gewand, Frauenkleider mit Purpursäumen; wir bilden auch jemanden aus, wenn Du willst. Weise den Nikias an, uns Quartier zu geben. Damit Du (uns) Vertrauen schenkst, werden wir sogar Zeugen beibringen, teils vertrauenswürdige (Leute) von hier, teils in Moithymis. Sei glücklich. *(Verso)* Im 30. Jahr (= 256 v. Chr.), am 28. Gorpiaios, 28. Thoth (= 22. November). Die Brüder Apollophanes und Demeterios." – Ähnlich könnte es sich verhalten haben, als Paulos bei Lydia (Apg 26,14–15 und 40) oder auf den Besitzungen des Sergius Paullus in Antiocheia Pisidiae (Apg 13,13–14) unterkam. Siehe dazu Weiß, Soziale Elite und Christentum, 73–75. Bei letzterem Fall können auch gewerblich nutzbare Räume auf dem Landgut gemietet worden sein, wie auch in P. Mich 11/620 Z. 10–13; 46 (vgl. Drexhage/Konen/Ruffing, Wirtschaft des Römischen Reiches, 257) die Vermietung von Räumlichkeiten auf Landgütern begegnet. Allerdings sind ländliche Villen, sog. *villae rusticae*, als lokale Produktionszentren im griechischen Osten weit weniger verbreitet als im lateinischen Westen, so Alcock, Eastern Mediterranean, 686.

[80] Vgl. Erdkamp, Mobility and Migation, 424–433, und ders., Seasonal Labour and Rural–Urban Migration.

2. Jahrhundert dann Alexandreia-Ostia-Alexandreia, ungefähr einmal im Jahr zurück. Häufig schloss dies längere Aufenthalte ein. So schilderte ein gewisser Eirenaios brieflich seinem Bruder im Fayyum, dass sein alexandrinisches Schiff am 30.6. in Portus angelegt hatte, am 12.7. entladen worden war und er am 2.8. noch immer auf die Genehmigung der Hafenbehörde warte, um in den Heimathafen zurückzukehren.[81] Getreidetransporteure mussten daher aufgrund ökonomischer Zwänge, wegen verwaltungstechnischer Verzögerungen oder, wie Paulos auf Melite, wegen Schiffbruchs fern der Heimat oder fern des Zielortes überwintern.[82]

Zuweilen gingen befristete Ortswechsel in dauerhafte Migration über, so dass sich landsmannschaftliche Zusammenschlüsse bildeten. Genauso wie in Jerusalem Synagogen der aus Rom stammenden Juden, Kyrenäer, Alexandriner und der Provinzen Cilicia und Asia existierten,[83] errichteten Händler in Rom, Ostia und Puteoli sog. *stationes*, in denen sie ihre eigenen Kulte pflegten und die als Anlaufstellen für Neuankömmlinge sowie als Ansprechpartner für die aufnehmende Stadtgemeinschaft dienten.[84]

---

[81] P. Mich. 8,490 und 491.
[82] Vgl. Apg 27,9–12; 28,11.
[83] Vgl. Apg 6,9; 21,27.
[84] OGIS 595: „[…] Wie die meisten von Euch wissen, gibt es in Puteoli auch andere *stationes*, unsere ist jedoch sowohl in Hinblick auf den Schmuck als auch auf die Größe den anderen überlegen. Einst kümmerten sich um diese die in Puteoli wohnenden Tyrener, die zahlreich und wohlhabend waren. Nun aber sind wir wenige an Zahl und da wir sowohl für die Opfer als auch für den Kult unserer Heimatgötter, die hier in Tempeln verehrt werden, aufkommen, können wir nicht die jährliche Miete für die *statio* erbringen. Umso mehr da uns auch die Aufwendungen für den Wettkampf auferlegt wurden, bei dem in Puteoli Stiere geopfert werden. Wir bitten Euch also für die Erhaltung der *statio* Sorge zu tragen; sie wird erhalten bleiben, falls Ihr Vorsorge trefft, dass die jährliche Miete von 250 Denarii gegeben wird. Denn die anderen Aufwendungen, die vor allem hinsichtlich der Wiedererrichtung der eingestürzten *statio* für die unserem herrschenden Kaiser geweihten Tage entstanden sind, haben wir für uns selbst in Rechnung gestellt, damit wir nicht der Stadt [Tyros] zur Last fallen. Wir erinnern Euch aber, dass die *statio* hier keinerlei Einkommen hat, weder von den *naukleroi* noch von den *emporoi*, wie im kaiserlichen Rom. Daher wenden wir uns an Euch und wir bitten Euch, unser Schicksal und die Angelegenheit zu überdenken. Geschrieben in Puteoli am 6. Tag vor den Kalenden des August, während Gallus und Flaccus Cornelianus Konsuln sind. [23. Juli 174]. […]" Zu

Von Stadt zu Stadt

Gerade Großstädte wie Rom, Karthago, Alexandreia oder Antiocheia benötigten einen ständigen Zustrom an Fremden, um die Bevölkerungszahl konstant zu halten: Große Teile der städtischen Bevölkerung ernährten sich nur unzureichend und lebten unter ärmlichen Bedingungen auf engem Raum, so dass sie besonders anfällig für Krankheiten und anderen lebensbedrohliche Unsicherheiten waren. Die Sterblichkeitsrate überstieg daher signifikant die Fertilität,[85] auch wenn dieser „urban graveyard effect" vielleicht nicht so ausgeprägt wie bisher angenommen war.[86] Geht man davon aus, dass die Bevölkerung des Imperium Romanum jährlich um etwa 0,1 Prozent stieg, die Immigration von jenseits des Limes so gut wie keine Rolle spielte, dann wird die Bedeutung von Wanderungsbewegungen von Orten, wo die Fertilität die Mortalitätsrate überstieg, in Städte mit ihrer hohen Sterblichkeit für den hohen Urbanisierungsgrad des Römischen Reiches deutlich.

Insbesondere Rom zog Personen aus den kleineren Städten Italiens oder benachbarten Provinzen, aber auch aus anderen Teilen des Imperium Romanum an, so dass die Zuwanderung von Migranten aus dem griechischen Osten, vor allem gezwungenermaßen Sklaven,[87] in der frühen Kaiserzeit bereits Polemik hervorrief.[88] Wie Paulos, der in Rom für

---

      den *stationes* siehe Rohde, Piazzale delle Corporazioni, 31–62; zur ökonomischen, kulturellen und religiösen Funktion einer *statio* siehe zusammenfassend Sion-Jenkis, *Stationes* des cités d'Asie Mineure à Rome, 331–337.

[85] Vgl. Hopkins, Conquerors and Slaves, und ders., Economic Growth and Towns; Scheidel, Quantifying the Sources of Slaves; ders., Human Mobility, und ders., Disease and death; Paine/Storey, Epidemics, Age at Death, and Mortality, 69–85; Ligt/Northwood, People, Land and Politics; Erdkamp, Mobility and Migration.

[86] Vgl. Hin, Demography of Roman Italy; Lo Cascio, Impact of Migration on the Demographic Profile.

[87] Vgl. Scheidel, Quantifying the Sources of Slaves.

[88] Vgl. die berühmten Verse Iuvenals (3,60–78; 84–85; 119–125) „Mir gefällt nicht länger, Quiriten, / griechisch die Stadt; doch wieviel sind's bloß vom achäischen Schlamme? / Längst schon strömt in den Tiber die syrische Flut des Orontes / und hat Sitten und Sprache sowie mit der Flöte die schrägen / Saiten der Hart und zugleich Tamburine, die heimisch im Osten, / mit sich gebracht und Mädchen, die feil am Circus sich bieten. / Hin, die Lust ihr verspürt zu der fremdbuntmützigen Dirne! / Sieh, dein Bauer, Quirin, trägt griech'sche Gewänder am Leibe, / und vom duftenden Hals hängt Siegesgeschmeide hernieder! / Der hat Sikyons Höhen und jener Amydon verlassen, / Andros und Samos der, Alaban-

mehrere Jahre arbeitete,[89] so kamen spezialisierte Handwerker mit ihren Familien in die Stadt am Tiber,[90] die vor allem auch für den Technologietransfer eine bedeutende Rolle spielten.[91] Wie die Isotopenuntersuchungen von Skeletten aus Nekropolen der Umgebung Roms und der Isola Sacra (zwischen Ostia und Portus) zeigen, kamen viele der dort beerdigten Menschen zu einem hohen Prozentsatz von außerhalb, auch wenn nicht feststellbar ist, woher genau und welche Distanzen sie dabei überwanden.[92]

---

da und Tralles ein andrer, / jeglicher zieht den Esquilien zu und dem Hügel der Weiden, / Herr der großen Gebäude und deren Besitzer zu werden. / Fix ist ihr Geist, zum Verzweifeln die Frechheit mitsamt ihrem raschen / Mundwerk, brausender als der Isaeus. O sag mir, wofür wohl / jenen du hieltest? In sich trägt alles er, wie man es wünscht: / Rhetor und Lehrer der Sprach, Erdmesser und Maler und Salber, / Zauberer, Augur und Arzt, Seiltänzer – versteht er doch alles; / wenn du es wünschest, so klimmt in den Himmel das hungernde Griechlein. / (…) / Ist es so gar nichts, daß aventinischen Himmel getrunken / unsere Kindheit, daß sie genährt die sabinische Beere? / (…) / Nicht ist Platz für den Römer, er sei wer immer, wo herrschet / ein Protogenes oder ein Diphilus und Hermarchus, / der – Unsitte des Volks – nie teilt den Freund mit dem andern, / selbst ihn behält; denn wenn ins gefällige Ohr er geträufelt / nur ein wenig des Gifts von der eignen Natur und der Heimat, / wirft man zur Tür mich hinaus, nichts helfen die Zeiten des langen / Dienstes." (Übers. W. Binder).

[89] Vgl. Apg 28,30.
[90] IGUR III 1222: „Mein, des Zenon, höchst gesegnetes Vaterland ist Aphrodisias (in Kleinasien). Ich habe viele Städte besucht auf meine (Bildhauer-)Kunst vertrauend […]. Ich baute dieses Grab und stellte den Grabstein auf für meinen Sohn Zenon, der gerade gestorben ist; ich selbst habe den Stein gebrochen und das Relief gearbeitet und habe so dieses bemerkenswerte Werk mit eigener Hand hergestellt, und drinnen habe ich ein Grab für meine Frau und alle unsere Nachkommen gebaut." (Übers. nach W. Felten in: Burford, Künstler und Handwerker, 216). – Siehe auch die Tabelle bei Ruffing, Die regionale Mobilität, 139, in der Beruf, Herkunfts- und Zielort der migrierenden Handwerker erfasst sind. Ebenso die Tabelle speziell für alle Personen, die im Griechischen Osten in ihrer Grabinschrift Auskunft über ihre Mobilität gaben (vgl. Tacoma/Tybout, Moving Epigrams).
[91] Vgl. beispielsweise den syrischen Glasmacher Ennion, der seine Werkstatt vielleicht von Sidon nach Rom verlegte (siehe dazu Drexhage/Konen/Ruffing, Wirtschaft des Römischen Reiches, 104).
[92] Vgl. Prowse, Isotopes and Mobility.

Von Stadt zu Stadt

Auch wenn Rom als Zentrum des Imperium Romanum mehr Reisende als andere Städte anzog, so war es charakteristisch, dass sich über das gesamte Mittelmeer ein Kommunikationsnetz legte, das die verschiedenen Regionen miteinander verband. Ein Handwerker mit karthagischen Bürgerrecht versuchte beispielsweise in Lugdunum sein Glück,[93] ein Mann aus Antiocheia in Puteoli und ein Syrer in Termessos.[94]

5. Überregionale Migration: Ausnahme oder Normalfall?

Vor allem seit Horden und Purcell Mobilität zu einem Strukturprinzip des Römischen Reiches und des Mittelmeerraumes erhoben,[95] konzentrierte sich die Forschung darauf, die Möglichkeiten von Mobilität auszuloten, um das Bild einer statischen Gesellschaft als Charakteristikum der Vormoderne zu revidieren und die Normalität von Reisen herauszustellen. Dabei zeigte sich, dass gerade das erste Jahrhundert v. Chr. und das erste Jahrhundert n. Chr. die Zeit der höchsten Mobilität bildeten.[96] Heute bemüht man sich dagegen um einen differenzierteren Blick auf die verschiedenen Wanderungsbewegungen und betont dabei, dass lokale Mobilität selbst für Menschen, die in infrastrukturell gut erschlossenen Gegenden mit weiten Handelsverbindungen lebten, die verbreitetste Mobilitätsform war. Obgleich lokale Mobilität die routinisierteste Form von Migrationsbewegungen war, lässt sie sich jedoch aufgrund der lückenhaften Quellenlage für weite Teile des Imperium Romanum so gut wie nicht nachweisen.[97]

---

[93] CIL XIII 2000: „Den Totengeistern und dem ewigen Andenken an Iulius Alexander, von Herkunft aus Afrika, Bürger von Karthago, dem besten Menschen, Künstler im Glasmacher-Beruf […]."
[94] Vgl. die Tabelle bei Ruffing, Die regionale Mobilität, 139.
[95] Vgl. Horden/Purcell, Corrupting Sea; Moatti/Kaiser, Introduction, 9; Moatti, Immigration and Cosmopolitanization, 77.
[96] Vgl. Woolf, Movers and Stayers, 448.
[97] Vgl. Woolf, Movers and Stayers, 451. Eine Ausnahme bildet die Mobilität aufgrund von Heiraten, siehe Zerbini, Human Mobility in the Roman Near East. Zuweilen lassen sich derartige lokale Verbindungen durch die Gegenstempel auf Münzen deutlich machen, so etwa für Asia Minor, siehe Howgego, Greek Imperial Countermarks. Wesentliche Einblicke in regionale Interaktionsstrukturen

Aber auch zwischen regionaler und überregionaler Mobilität sind Abstufungen erkennbar; epigraphische Studien konnten zeigen, dass die regionale Mobilität die überregionale überwog: Von den 62 Treveri, die außerhalb ihrer Heimat nachgewiesen sind, wurden 43 im Rheinland, aber nur drei im Mittelmeerraum – bezeichnenderweise in Rom – beerdigt.[98] Dieser Befund deckt sich mit den Untersuchungen zur Mobilität in den gallischen Provinzen. Von den 649 Fällen (ohne Soldaten und Veteranen) sind 500 innerhalb der gallischen Provinzen dokumentiert.[99] Ähnliches lässt sich auch von den spanischen Provinzen aussagen: Von den 715 Migranten kamen mehr als 80 Prozent aus anderen spanischen Gemeinwesen. Die Daten stammen aus den westlichen Provinzen und daher aus Regionen, die von kleinen Städten und kleinschrittigen wirtschaftlichen Beziehungen geprägt waren, dennoch lässt sich der verallgemeinernde Schluss ziehen, dass überregionale Mobilität zu den außergewöhnlichen Migrationsformen gehörte. Auch wenn sicherlich höhere Mobilitätsraten anzunehmen sind, als sich aus Grabinschriften extrahieren lassen,[100] legt der inschriftliche Befund nahe, dass nur etwa fünf Prozent außerhalb ihrer Heimatgemeinde kommemoriert wurden; von diesen fünf Prozent verließ kaum jemand die regionalen Grenzen.[101]

Zudem sprechen die antiken Transportbedingungen gegen einen hohen Grad an überregionaler Mobilität, die häufig verschiedene Fortbewe-

---

    gewähren die papyrologischen Zeugnisse aus dem römischen Ägypten. Sie zeigen nicht nur die Zirkulation von Händlern und Handwerken innerhalb eines *nomos* oder zwischen benachbarten Nomen, sondern auch, welche große Rolle Briefe für die Aufrechterhaltung von sozialen Netzwerken und Informationsübertragung im Niltal spielten. Siehe dazu Adams, Migration in Roman Egypt.

[98] Vgl. Krier, Die Treverer außerhalb ihrer Civitas.

[99] Vgl. Wierschowski, Die regionale Mobilität in Gallien, und ders., Fremde in Gallien – „Gallier" in der Fremde.

[100] Da Fremde, die fern der Heimat starben, häufiger ihre Herkunft in Grabinschriften angaben, während Personen ihren Wohnort bzw. lokales Bürgerrecht selten verwigten, wenn sie zu Hause oder in der näheren Umgebung verstarben, sind Fremde in den epigraphischen Dokumenten überrepräsentiert. Dennoch ist von höheren Mobilitätsraten als den epigraphisch belegten auszugehen, da viele von ihren Reisen zurückkehrten und eben nicht in der Fremde verstarben oder, falls doch, zu Hause kommemoriert wuren (vgl. Handley, Dying on Foreign Shores; Woolf, Movers and Stayers, 453).

[101] Vgl. Woolf, Movers and Stayers, 457.

Von Stadt zu Stadt

gungsarten umfasste.[102] Zwar verfügte das Imperium Romanum über ein gut ausgebautes Straßennetz, dennoch war die Fortbewegung zu Fuß, Maultier bzw. Pferd oder Karren langsam, gefährlich und teuer.[103] Sie beschränkte sich daher in der Regel auf lokale Kontexte. Selbst die Küstenschifffahrt diente regionalen Bedürfnissen.[104] Fernreisen erfolgten dagegen auf Handelsschiffen,[105] deren Kapazitäten, Mitreisende aufzunehmen, begrenzt waren – wenn sie überhaupt Passagiere an Bord hatten.[106] Geht man davon aus, dass etwa 1000 Lastschiffe pro Jahr eine Hin- und Rückreise bewältigten und jedes dieser Schiffe durchschnittlich dreißig Reisende transportierte, dann lässt sich die Anzahl von Passagieren pro Jahr auf etwa 60.000 schätzen. In Relation zu den circa 60 Millionen Menschen im Imperium Romanum ist diese zunächst recht hoch erscheinende Zahl verschwindend gering:[107] Nur etwa 0,1 Prozent der Bevölkerung machte sich jährlich auf eine längere Reise zu See.

Überregionale Migration war daher eine spezialisierte Aktivität, die nur für eine relativ kleine Gruppe möglich war.[108] In der Regel waren Migranten besser ausgebildet,[109] männlich,[110] relativ jung und von überdurchschnittlicher Gesundheit.[111] Da Migration als Investition in die Zukunft zunächst Reisekosten verursachte, verfügten Migranten entweder über ein gewisses Vermögen oder konnten auf die Unterstützung durch andere vertrauen.[112] Solche wandernden Handwerker wie Paulos waren

---

[102] Plin. ep. 10,17,1–2: „So glücklich meine Seereise bis Ephesos war, Herr, so wurde ich, nachdem ich anfing, im Wagen zu reisen, von sehr drückender Hitze und auch von einem kleinen Fieber geplagt und verweilte in Pergamon. Als ich wieder in kleinen Küstenschiffen zur See gegangen war, wurde ich durch widrige Winde aufgehalten und betrat daher etwas später, als ich gehofft hatte, nämlich am 17. September Bithynien."
[103] Vgl. Schneider, Die Bedeutung der römischen Straßen für den Handel.
[104] Vgl. Woolf, Movers and Stayers, 459.
[105] Vgl. Pomey, La navigation dans l'antiquité.
[106] Vgl. Woolf, Movers and Stayers, 459.
[107] Vgl. Woolf, Movers and Stayers, 460.
[108] Vgl. Woolf, Movers and Stayers, 450.
[109] Vgl. Burmeister, Archaeology and Migration; Woolf, Movers and Stayers, 450 und 454.
[110] Vgl. Woolf, Movers and Stayers, 452.
[111] Vgl. Woolf, Movers and Stayers, 441.
[112] Vgl. Woolf, Movers and Stayers, 450.

überregional mobil, weil sie entweder aufgrund ihrer wirtschaftlichen Situation dazu gezwungen waren,[113] falls sie nicht ihren Beruf wechseln wollten,[114] oder weil ihnen die Erwerbschancen andernorts verlockender schienen. Entscheidender Faktor war daher, welche ökonomische Rolle der Migrant übernehmen konnte und welcher Bedarf an spezialisierten Fähigkeiten in der Aufnahmegesellschaft bestand. Aus diesem Grund waren Händler und ausgebildete Handwerker überproportional, Kleinbauern dagegen selten unter den Migranten vertreten.[115] Unter den griechischen Handwerkern, die in ihren Grabinschriften sowohl Tätigkeit als auch Heimat angegeben hatten, lässt sich zudem ein beruflicher Schwerpunkt erkennen: Die meisten arbeiteten im steinverarbeitenden Gewerbe, gefolgt von der Metallverarbeitung, während nur ein einziger in der Textilherstellung beschäftigt war.[116]

6. Fazit: Paulos als wandernder Handwerker

Wie lässt sich also Paulos als wandernder Handwerker in die frühkaiserzeitliche Wirtschaftsgeschichte einordnen? Zunächst bleibt festzuhalten: Die Apostelgeschichte selbst kann als Zeugnis für das Selbstbewusstsein der handwerklich arbeitenden Bevölkerung angesehen werden, die sich im fortschrittlichen städtischen Milieu verortete und von einer als konservativ und elitär gedachten Landbevölkerung absetzte. Die Verortung im städtischen Kontext weist Paulos darüber hinaus einem relativ kleinen Personensegment der Gesellschaft zu: Nur etwa ein Achtel oder ein Neuntel der Bevölkerung des Imperium Romanum war in der Stadt ansässig, etwa ein Zehntel im nichtagrarischen Sektor tätig. Ob durch öko-

---

[113] Vgl. Plin. nat. 34,45 sowie Burford, Künstler und Handwerker, 77–80.
[114] Schlaglichtartig sind äußerst wechselhafte Erwerbsbiographien bekannt (CIL IV 10150): „Nachdem du achtmal gescheitert bist, bleibt dir übrig, sechzehnmal zu scheitern. Du hast auf Wirt gemacht, du hast auf Geschirrverkäufer gemacht, du hast auf Wurstwaren gemacht, du hast auf Bäcker gemacht. Du bist Bauer gewesen. Du hast Kleinbronzen verhökert und bist Trödler gewesen. Jetzt stellst du kleine Flaschen her [...]"
[115] Vgl. Holleran, Labour Mobility in the Roman World, zur iberischen Halbinsel; Tacoma/Tybout, Moving Epigrams, zu Kleinasien.
[116] Vgl. Ruffing, Die regionale Mobilität, 140.

nomische Not gezwungen, religiös motiviert oder durch Fernweh getrieben – Paulos verlegte immer wieder seinen Lebensmittelpunkt in verschiedene Städte des griechischen Ostens, bis er schließlich in die größte Metropole der damaligen Welt gelangte, wo er Haus und Werkstatt mietete. Derartige mobile Personen dieses sozialen Status kennen wir sonst nur schlaglichtartig aus Inschriften, die uns zwar den Lebensweg, aber keine lebendigen Details vermitteln. Damit haben wir mit der Apostelgeschichte die einzig ausführliche Reisebeschreibung eines Handwerkers aus der Antike. Wie ist der mobile Lebensstil des Paulos zu bewerten? War er für damalige Verhältnisse alltäglich und routiniert?

Auch wenn es in den letzten Jahren üblich wurde, die Mobilität der Einwohner des Römischen Reiches und der angrenzenden Gebiete immer wieder hervorzuheben und sie zum Strukturmerkmal des Mittelmeerraumes zu machen, so bewegten sich die weitaus meisten Menschen in relativ engen Grenzen – vom Land in die Stadt oder bis in die nächst gelegene Stadt. Zwar bot das Imperium Romanum für eine vormoderne Gesellschaft außerordentlich gute Mobilitätsmöglichkeiten, allein sie wurden von der Mehrheit nicht genutzt. Händler oder Handwerker bewegten sich in eher überschaubaren ökonomisch hierarchisch aufgebauten Regionen, deren Spitze die großen Städte wie Rom, Antiocheia, Alexandreia oder Karthago bildeten. Nur verhältnismäßig wenige Fernhändler überwanden große Distanzen und noch weniger Handwerker ließen sich tatsächlich aus der Peripherie kommend in Rom nieder. Ökonomisch motivierte Migration über regionale Grenzen hinweg war weder alltäglich noch routiniert; solche Handwerker waren männlich, überdurchschnittlich gesund, besser ausgebildet und wohlhabender – oder besaßen soziale Netze, die ihnen die Investition in die Migration erleichterten. Nur eine Personengruppe migrierten noch seltener als Handwerker: alleinreisende Frauen, wie die Purpurhändlerin Lydia.[117]

---

[117] Zur Mobilität von Frauen in römischer Zeit siehe Woolf, Female Mobility.

Literaturverzeichnis

Susan E. Alcock: The Eastern Mediterranean, in: W. Scheidel/I. Morris/R. Saller (Hg.): The Cambridge Economic History of the Greco-Roman World, Cambridge 2007, 671–697.
Colin E. P. Adams: Migration in Roman Egypt. Problems and Possibilities, in: L. Ligt/L. E. Tacoma (Hg.): Migration and Mobility in the Early Roman Empire, Leiden 2016, 264–284.
Colin E. P. Adams/Ray M. Laurence (Hg.): Travel and Geography in the Roman Empire, London 2001.
Colin E. P. Adams/Jim Roy (Hg.): Travel, Geography and Culture in Ancient Greece, Egypt and the Near East, Oxford 2007.
Pascal Arnaud: Ancient Sailing-Routes and Trade Patterns, in: D. Robinson/A. Wilson (Hg.): Maritime Archaeology and Ancient Trade in the Mediterranean, Oxford 2011, 61–80.
Klaus Jürgen Bade u. a. (Hg.): Enzyklopädie Migration in Europa. Vom 17. Jh. bis zur Gegenwart, Paderborn u. a. ³2010.
Maria Gabriella Angeli Bertinelli/Angela Donati (Hg.): Le vie della storia. Migrazioni di popoli, viaggi di individui, circolazione di idee nel Mediterrano antico, Rom 2006.
Alison Burford: Künstler und Handwerker in Griechenland und Rom, Mainz 1985.
Stefan Burmeister: Archaeology and Migration. Approaches to an Archaeological Proof of Migration, in: Current Anthropology 41 (2000), 539–567.
Giuseppe Camodeca: Puteoli porto annonario e il commercio del grano in età imperiale, in: La ravitaillement en blé de Rome et des centres urbains des débuts del la République jusqu'au haut empire. Actes du colloque international (Neapel 1991), Rom 1994, 103–128.
Lionel Casson: Travel in the Ancient Word, Baltimore/London 1974.
Luuk de Ligt/Simon J. Northwood (Hg.): People, Land and Politics. Demographic Developments and the Transformation of Roman Italy 300 BC–AD 14, Leiden 2008.
Luuk de Ligt/Laurens E. Tacoma: Approaching Migration in the Early Roman Empire, in: L. Ligt/L. E. Tacoma (Hg.): Migration and Mobility in the Early Roman Empire, Leiden 2016, 1–22.
Hans-Joachim Drexhage: Zum Selbstverständnis arbeitender Menschen im Imperium Romanum, in: Humanistische Bildung 14 (1990), 7–40.
Hans-Joachim Drexhage: Preise, Mieten/Pachten, Kosten und Löhne im römischen Ägypten bis zum Regierungsantritt Diokletians, Vorarbeiten zu einer Wirtschaftsgeschichte des römischen Ägyptens I, St. Katharinen 1991.
Hans-Joachim Drexhage: Einige Bemerkungen zu den ἔμποροι und κάπηλοι im römischen Ägypten, in: MBAH 10 (1991), 28–46.

Hans-Joachim Drexhage/Heinrich Konen/Kai Ruffing: Die Wirtschaft des Römischen Reiches (1.–3. Jahrhundert). Eine Einführung, Berlin 2002.
Kerstin Droß-Krüpe: Wolle – Weber – Wirtschaft. Die Textilproduktion der römischen Kaiserzeit im Spiegel der papyrologischen Überlieferung, Philippika 46, Wiesbaden 2011.
Donald W. Engels: Roman Corinth. An Alternative Model for the Classical City, Chicago/London 1990.
Jas Elsner/Ian Rutherford: Pilgrimage in Graeco-Roman and Early Christian Antiquity. Seeing the Gods, Oxford 2005.
Paul Erdkamp: Mobility and Migation in Italy in the Second Century B.C., in: L. de Ligt/S. Northwood (Hg.): People, Land and Politics. Demographic Developments and the Transformation of Roman Italy 300 BC–AD 14, Leiden 2008, 417–450.
Paul Erdkamp: The Food Supply of the Capital, in: ders. (Hg.): The Cambridge Companion to Ancient Rome, Cambridge 2013, 262–277.
Ulrich Fellmeth: *Pecunia non olet*. Die Wirtschaft der antiken Welt, Darmstadt 2008.
Moses I. Finley: Die antike Wirtschaft, München ³1993.
Egon Flaig: Den Kaiser herausfordern. Die Usurpation im Römischen Reich (Historische Studien 7), Frankfurt am Main/New York 1992.
Bruce W. Frier: Demography, in: A. K. Bowman/P. Garnsey/D. Rathbone (Hg.): Cambridge Ancient History XI: The High Empire, A.D. 70–192, Cambridge 2000, 787–816.
Fabian Goldbeck: Salutationes. Die Morgenbegrüßungen in Rom in der Republik und der frühen Kaiserzeit, Klio Beihefte 16, Berlin 2010.
Herbert Grassl: Sozialökonomische Vorstellungen in der kaiserzeitlichen griechischen Literatur (1.–3. Jh. n. Chr.), Wiesbaden 1982.
Evan W. Haley: Migration and Economy in Roman Imperial Spain, Barcelona 1991.
Paul Halstead: Two Oxen Ahead. Pre-mechanized Farming in the Mediterranean, Malden u. a. 2014.
Mark Handley: Dying on Foreign Shores. Travel and Mobility in the Late-Antique West (JRA Suppl. 86), Portsmouth 2011.
Saskia Hin: The Demography of Roman Italy. Population Dynamics in an Ancient Conquest Society, 201 BCE–14 CE, Cambridge 2013.
R. Bruce Hitchner: The Advantages of Wealth and Luxury. The Case for Economic Growth in the Roman Empire, in: J. G. Manning/I. Morris (Hg.): The Ancient Economy. Evidence and Models, Stanford 2005, 207–222.
Claire Holleran: Labour Mobility in the Roman World. A Case Study of Mines in Iberia, in: L. Ligt/L. E. Tacoma (Hg.): Migration and Mobility in the Early Roman Empire, Leiden 2016, 95–137.
Keith Hopkins: Conquerors and Slaves, Cambridge 1978.
Keith Hopkins: Economic Growth and Towns in Classical Antiquity, in: P. Abrams/E. A. Wrigley (Hg.): Towns in Societies. Essays in Economic History and Historical Sociology, Cambridge 1978, 35–77.

Peregrine Horden: Travel sickness. Medicine and Mobility in the Mediterranean From Antiquity to the Renaissance, W. V. Harris (Hg.): Rethinking the Mediterranean, Oxford, 179–199.
Peregrine Horden/Nicholas Purcell: The Corrupting Sea. A Study of Mediterranean History, Oxford 2000.
Christopher Howgego: Greek Imperial Countermarks. Studies in the Provincial Coinage of the Roman Empire, London 1985.
Willem M. Jongman: The Early Roman Empire: Consumption, in: W. Scheidel/I. Morris/R. Saller (Hg.): The Cambridge Economic History of the Greco-Roman World, Cambridge 2007, 592–618.
Peter Kehne: Zur Phänomenologie, Typologie und völkerrechtlichen Grundlage internationaler Massendeportationen in der griechisch-römischen Antike, in: MBAH 26 (2008), 75–138.
Daniel Kehoe: Contract Labor, in: W. Scheidel/I. Morris/R. Saller (Hg.): The Cambridge Economic History of the Greco-Roman World, Cambridge 2007, 114–130.
Daniel Kehoe: The Early Roman Empire: Production, in: W. Scheidel/I. Morris/R. Saller (Hg.): The Cambridge Economic History of the Greco-Roman World, Cambridge 2007, 543–569.
Hans Kloft: Die Wirtschaft der griechisch-römischen Welt. Eine Einführung, Darmstadt 1992.
Frank Kolb: Die Stadt im Imperium Romanum, in: H. Falk (Hg.): Wege zur Stadt. Entwicklung und Formen urbanen Lebens in der alten Welt, Vergleichende Studien zu Antike und Orient 2, Bremen 2005, 196–215.
Jean Krier: Die Treverer außerhalb ihrer Civitas. Mobilität und Aufstieg, Trierer Zeitschrift Beiheft 5, Trier 1981.
Elio Lo Cascio: The Early Roman Empire: The State and the Economy, in: W. Scheidel/I. Morris/R. Saller (Hg.): The Cambridge Economic History of the Greco-Roman World, Cambridge 2007, 619–648.
Elio Lo Cascio: The Impact of Migration on the Demographic Profile of the City of Rome: A Reassessment, in: L. Ligt/L. E. Tacoma (Hg.): Migration and Mobility in the Early Roman Empire, Leiden 2016, 23–32.
Friedrich Lotter: Methodisches zur Gewinnung historischer Erkenntnisse aus hagiographischen Quellen, in: HZ 229 (1979), 298–356.
Amedeo Maiuri: Note d'epigraphia pompeiana, in: PP 3 (1948), 152–164.
Annalisa Marzano: Snails, wine and winter navigation, in: W. V. Harris/K. Iara (Hg.): Maritime Technology in the Ancient Economy: Ship Design and Navigation, JRA Suppl. 84, Portsmouth/Rhode Island 2011, 179–188.
David J. Mattingly/R. Bruce Hitchner: Roman Africa. An Archaeological Review, in: JRS 85 (1995), 165–213.
Fik Meijer/Onno van Nijf: Trade, Transport and Society in the Ancient World, London/New York 1992.
Stephen Mitchell: Anatolia. Land, Men, and Gods in Asia Minor 1, Oxford 1993.

Claudia Moatti: Immigration and Cosmopolitanization, in: P. Erdkamp (Hg.): Cambridge Companion to Ancient Rome, Cambridge 2013, 77–92.
Claudia Moatti/Wolfgang Kaiser: Introduction, in: diess. (Hg.): Gens de passage en Méditerranée de l'Antiquité à l'époque moderne. Procédures de contrôle et d'identification, Paris 2007, 9–17.
Eckart Olshausen/Holger Sonnabend (Hg.): „Troianer sind wir gewesen" – Migrationen in der antiken Welt. Stuttgarter Kolloquium zur Historischen Geographie des Altertums 8 (2002), Geographica Historica 21, Stuttgart 2006.
Jochen Oltmer: Was ist Migration? Bedingungen, Formen und Folgen räumlicher Bevölkerungsbewegungen in der Geschichte, in: Geschichte für heute 5 (2012), 5–19.
Richard R. Paine/Glenn R. Storey: Epidemics, Age at Death, and Mortality in Ancient Rome, in: G. R. Storey (Hg.): Urbanism in the Preindustrial World. Cross-Cultural Approaches, Tuscaloosa 2006, 69–85.
Patrice Pomey (Hg.): La navigation dans l'antiquité, Aix-en-Provence 1997.
Tracy L. Prowse: Isotopes and Mobility in the Ancient World, in: L. Ligt/L. E. Tacoma (Hg.): Migration and Mobility in the Early Roman Empire, Leiden 2016, 205–233.
Kurt A. Raaflaub: Homer und die Geschichte des 8. Jh. v. Chr., in: J. Latacz (Hg.): Zweihundert Jahre Homer-Forschung. Rückblick und Ausblick, Stuttgart 1991, 205–256.
Kurt A. Raaflaub: A Historian's Headache. How to Read „Homeric Society"?, in: N. Fisher/H. van Wees (Hg.): Archaic Greece, London 1998, 169–193.
Dorothea Rohde: Der Piazzale delle Corporazioni in Ostia: wirtschaftliche Funktion und soziale Bedeutung, MBAH 27 (2009), 31–62.
Dorothea Rohde: Zwischen Individuum und Stadtgemeinde. Die Integration von *collegia* in Hafenstädten, Studien zur Alten Geschichte 15, Mainz 2012.
Dorothea Rohde/Michael Sommer: Geschichte in Quellen – Antike: Wirtschaft, Darmstadt 2016.
Kai Ruffing: Die regionale Mobilität von Händlern und Handwerken nach den griechischen Inschriften, in: E. Olshausen/H. Sonnabend (Hg.): „Troianer sind wir gewesen" – Migrationen in der antiken Welt, Stuttgarter Kolloquium zur Historischen Geographie des Altertums 8 (2002), Geographica Historica 21, Stuttgart 2006, 133–149.
Kai Ruffing: Wirtschaft in der griechisch-römischen Antike, Darmstadt 2012.
Walter Scheidel: Quantifying the Sources of Slaves in the Early Roman Empire, in: JRS 87 (1997), 156–169.
Walter Scheidel: Human Mobility in Roman Italy I: The Free Population, in: JRS 94 (2004), 1–26.
Walter Scheidel: Demography, in: ders./I. Morris/R. Saller (Hg.): The Cambridge Economic History of the Greco-Roman World, Cambridge 2007, 38–86.
Walter Scheidel: Disease and death, in: P. Erdkamp (Hg.): The Cambridge Companion to Ancient Rome, Cambridge 2013, 45–59.

Tassilo Schmitt: Art. Migration, in: DNP 7, 159–161.
Helmuth Schneider: Die Bedeutung der römischen Straßen für den Handel, in: MBAH 1 (1982), 85–96.
Helmuth Schneider: Geschichte der antiken Technik, München 2007.
Alex Scobie: Slums, Sanitation, and Mortality in the Roman World, in: Klio 68 (1986), 399–433.
Frank Sear: Roman Theatres. An Architectural Study, Oxford 2006.
K. Sion-Jenkis: *Stationes* des cités d'Asie Mineure à Rome, in: J. France/J. Nelis-Clément (Hg.): La *statio*. Archéologie d'un lieu de pouvoir dans l'empire romain, Paris 2014, 319–338.
M. Sommer: Wirtschaftsgeschichte der Antike, München 2013.
Holger Sonnabend: Ovid in Tomi. Grenzwahrnehmung aus dem Exil, in: A. Gestrich/M. Krauss (Hg.): Migration und Grenze, Stuttgarter Beiträge zur Historischen Migrationsforschung 4, Stuttgart 1998, 40–48.
Holger Sonnabend: Art. Migration, in: ders. (Hg.), Mensch und Landschaft in der Antike, Stuttgart/Weimar 1999, 344–347.
Elke Stein-Hölkeskamp: Das römische Gastmahl. Eine Kulturgeschichte, München 2005.
Karl Strobel: Die Galater. Geschichte und Eigenart der keltischen Staatenbildung auf dem Boden des hellenistischen Kleinasiens, Bd. 1: Untersuchungen zur Geschichte und historischen Geographie des hellenistischen und römischen Kleinasien, Berlin 1996.
Laurens E. Tacoma/Rolf A. Tybout: Moving Epigrams. Migration and Mobility in the Greek East, in: L. Ligt/L. E. Tacoma (Hg.): Migration and Mobility in the Early Roman Empire, Leiden 2016, 345–389.
George Tate: The Syrian Countryside During the Roman Era, in: S. E. Alcock (Hg.): The Early Roman Empire in the East, Oxford 1997, 55–71.
Hans Volkmann/Gerhard Horsmann: Die Massenversklavungen der Einwohner eroberter Städte in der hellenistisch-römischen Zeit, Stuttgart ²1990.
Sitta von Reden: Antike Wirtschaft, EGRA 10, Berlin/Boston 2015.
Alexander Weiß: Soziale Elite und Christentum. Studien zu ordo-Angehörigen unter den frühen Christen, Millenium Studien 52, Berlin/Bosston 2015.
Charles Richard Whittaker: Indian Trade Within the Roman Imperial Network, in: ders.: Rome and ist Frontiers. The Dynamic of Empire, London/New York 2004, 163–180.
Lothar Wierschowski: Die regionale Mobilität in Gallien nach den Inschriften des 1. bis 3. Jahrhunderts n.Chr. Quantitative Studien zur Sozial- und Wirtschaftsgeschichte des römischen Reiches, Historia ES 91, Stuttgart 1995.
Lothar Wierschowski: Fremde in Gallien – „Gallier" in der Fremde. Die epigraphisch bezeugte Mobilität in, von und nach Gallien vom 1. bis 3. Jh. n.Chr. (Texte – Übersetzungen – Kommentare), Historia ES 159, Stuttgart 2001.
Andrew Wilson: Machines, Power, and the Ancient Economy, in: JRS 92 (2001), 1–32.

Reinhard Wolters: Nummi signati. Untersuchungen zur römischen Münzprägung und Geldwirtschaft, München 1999.
Greg Woolf: The Roman Urbanziation of the East, in: S. E. Alcock (Hg.): The Early Roman Empire in the East, Oxford 1997, 1–14.
Greg Woolf: Female Mobility in the Roman West, in: E. Hemelrijk/G. Woolf (Hg.): Women and the Roman City in the Latin West, Leiden 2013, 351–368.
Greg Woolf: Movers and Stayers, in: L. Ligt/L. E. Tacoma (Hg.): Migration and Mobility in the Early Roman Empire, Leiden 2016, 438–461.
Andrea Zerbini: Human Mobility in the Roman Near East: Patterns and Motives, in: L. Ligt/L. E. Tacoma (Hg.): Migration and Mobility in the Early Roman Empire, Leiden 2016, 305–344.

Unterwegs im Mäandertal.
Überlegungen zur Mobilität des Paulus

Ulrich Huttner

1. Zur Bedeutung Milets in der Kaiserzeit

Milet zählte während der Kaiserzeit nicht zur ersten Riege von Städten in der Provinz Asia, auch wenn dort zu Ehren Caligulas eine provinziale Kultstätte für den Kaiser eingerichtet wurde:[1] Mit Pergamon, Smyrna oder gar mit Ephesos konnte sich die Hafenstadt nicht messen. Beim Gerangel um die führenden Plätze in der provinzialen Hierarchie, das gegen Ende des 1. Jh.s n. Chr. mit voller Wucht entbrannte und in Stadttitulaturen, Neokorien und bezifferten Platzierungen seinen Niederschlag fand, spielte Milet zwar mehr als die Rolle eines Zaungastes, aber auch die florierenden Zentren den Mäander hinauf, Magnesia, Tralles und Nysa, drohten ihm den Rang abzulaufen.[2] Geradezu rührend wirkt der Versuch der Milesier, den Rang ihrer Stadt aus der historischen Rolle während der Kolonisationszeit heraus zu erklären, als Siedler entsandt worden waren, um an fernen Küsten Städte zu gründen. Während der hohen Kaiserzeit (2. Jh. n. Chr.) gerann dieses Selbstbewusstsein zu dem offiziellen Stadttitel: „Die erste in Ionien angelegte Stadt und Mutterstadt vieler großer Städte im Pontusgebiet, in Ägypten und überall auf der Welt".[3] Dennoch sollte man die Bedeutung Milets als administrativen und ökonomischen Zentralort nicht unterschätzen: Milet fungierte als Konventsstadt und reihte sich damit ein unter den etwa ein Dutzend Städten, die im Fokus der statthalterlichen Verwaltung standen. Aller-

---

[1] Zur Kultstätte für Caligula vgl. Burrell, Neokoroi, 55–57; Heller, bêtises, 180 f. 214 f.
[2] Vgl. zu dem Wettstreit der Städte etwa Robert, Documents, 22–35; Dräger, Städte, 107–200; Heller, bêtises, 125–341.
[3] Ἡ πρώτη τῆς Ἰωνίας ᾠκισμένη καὶ μητρόπολις πολλῶν καὶ μεγάλων πόλεων ἔν τε τῷ Πόντῳ καὶ τῇ Αἰγύπτῳ καὶ πολλαχοῦ τῆς οἰκουμένης. Weiterführend zu dem Titel, der immer wieder in milesischen Inschriften auftaucht Günther, in: Herrmann/Wiegand, Milet 6,3, 115, und Heller, bêtises, 297–301.

dings war der Distrikt, der Milet zugerechnet wurde, im Vergleich mit anderen ganz besonders klein.[4] Die Anbindung Milets an das kleinasiatische Straßennetz kann zwar wegen der geographischen Lage alles andere als günstig bezeichnet werden (vgl. u. S. 122), jedoch die Häfen gewährleisteten Händlern und anderen Reisenden die Möglichkeit, Milet als Station auf dem Weg von der Levante in die Ägäis zu wählen.[5] Der Mäander, an dessen Mündung Milet lag, drohte ständig die Nutzung jener Häfen durch Schwemmmaterial zu beeinträchtigen, wenn nicht gar unmöglich zu machen.[6] Indes ist damit zu rechnen, dass der Mäander flussaufwärts über eine weite Strecke schiffbar war:[7] Das Dorf Mandragoreis bei Magnesia verfügte jedenfalls in byzantinischer Zeit noch über einen Hafen.[8]

2. Paulus in Milet

Wann genau Paulus in Milet landete, lässt sich wegen der unsicheren Chronologie seiner Reisen nicht sagen. Zwar wissen wir, dass Paulus bald darauf – nach seiner Ankunft in Judäa – dem zuständigen Präfekten Felix vorgeführt und von dessen Nachfolger, Porcius Festus, dem kaiserlichen Gericht nach Rom überstellt wurde.[9] Allerdings ist nicht eindeutig festzustellen, in welchem Jahr Festus Felix ablöste, es könnte 59 oder 60, vielleicht aber auch etwas früher gewesen sein.[10] Mit einiger Sicherheit

---

[4]   Grundlegend Habicht, Evidence, 77. Vgl. Dalla Rosa, Lösungen, 274 (Karte).
[5]   Strab. geogr. 14,1,6 spricht von vier Häfen, die Milet zugeordnet seien. Dazu Greaves, Archaeology, 111.
[6]   Instruktiv zur historischen Geographie der Mäandermündung Thonemann, Maeander, 195–338. Vgl. Greaves, Archaeology, 113; Engels, Flußgott, 196.
[7]   Strab. geogr. 12,8,19 ist von Fährgeldern am Mäander die Rede. Vgl. auch Anm. 26.
[8]   Vgl. Nollé, Nundinas, 22 f.
[9]   Apg 24,22–25,12; zu den Präfekten in Judäa vgl. Eck, Rom und Judaea, 24–51.
[10] Zu 59 n. Chr. vgl. Overbeck/Meshorer, Das Heilige Land, 99–103. Zu 60 n. Chr. PIR² (Prosopographia Imperii Romani) VI, nr. 858; vgl. Demougin, Prosopographie, 457; Bringmann, Geschichte der Juden, 244 f.; Eck, Porcius Festus (Porcius Festus seit 60 in Judäa). Ein entscheidendes Problem liegt allerdings in dem Hinweis des Josephus (Ios ant. 20,182), Felix habe sich nach seiner Rückkehr aus Judäa einem Prozess stellen müssen, in dem er von seinem Bruder Pallas nach-

darf man davon ausgehen, dass Nero regierte, als Paulus in Milet an Land ging; vor dem Jahr 55 wird man seinen Aufenthalt dort nicht datieren können.[11]

Warum Paulus damals den Hafen von Milet ansteuerte, bedarf einer besonderen Begründung und wird in der Exegese kontrovers diskutiert. Lukas nennt die Stationen auf der Reise des Apostels: Assos, Mitylene, durch den Sund von Chios nach Samos und von dort nach Milet:[12] „Denn Paulus hatte entschieden, an Ephesos vorbeizusegeln, damit man ihm nicht in Asia die Zeit stehle. Denn er war bestrebt, soweit ihm das möglich wäre, am Pfingsttag nach Jerusalem zu gelangen."[13] Paulus hatte es also eilig. Aber weshalb wollte er ausgerechnet zu Pfingsten in Jerusalem sein? Der Pfingsttermin spielt auch im ersten Brief, den Paulus von Ephesos aus an die Korinther adressierte, eine Rolle: Er gedenke noch bis Pfingsten in Ephesos zu bleiben, ehe er in Richtung Korinth aufbrechen werde.[14] Zunächst handelt es sich hier also um ein im jüdischen Kalender

---

haltig unterstützt worden sei. Laut Tacitus (Tac. ann. 13,14,1) war Pallas bereits 55 entmachtet worden. Es wäre zu untersuchen, ob ein Wechsel in Judäa im Jahr 55 in Frage käme, so dass Felix von 52 bis 55 und Festus von 55 bis 62 amtierte. Zu Vorschlägen, den Amtswechsel zwischen 55 und 59 anzusetzen, vgl. Barrett, Agrippina, 298 Anm. 92; Lüdemann, Christentum, 259 f. datiert den Amtswechsel ins Jahr 55, setzt aber eine „zweijährige Prokuratur des Felix" voraus: 259; Schnelle, Einleitung, 45 favorisiert einen Amtswechsel im Jahr 58.

[11] Eine Frühdatierung könnte man folgendermaßen begründen: Prokonsulat des Iunius Gallio in Achaia 51/52; im Sommer 51 Zusammentreffen des Paulus mit Gallio in Korinth; 52 Aufbruch zur dritten Missionsreise; 52–54 Aufenthalt in Ephesos; 54/55 in Makedonien, Griechenland und in der Troas. Die Orientierungspunkte für eine Chronologie zusammengestellt bei Ebel, Leben, 105–109. Einen bis ins Detail gehenden Ansatz wählt Ramsay, St. Paul, 221–228, der mit Hilfe der Passah-Berechnung den Aufenthalt des Paulus in Milet auf die Zeit vom 28.4. bis zum 1.5.57 datiert (für Spätsommer 58 dagegen Ramsay, Church, 427).

[12] Eine Überlieferung, die im Codex Bezae zu greifen ist, nennt zwischen Samos und Milet noch Trogyllion (an der Westspitze der Mykale-Halbinsel). Vgl. Ramsay, Church, 155; auch Bruce, Book, 386.

[13] Apg 20,16: κεκρίκει γὰρ ὁ Παῦλος παραπλεῦσαι τὴν Ἔφεσον, ὅπως μὴ γένηται αὐτῷ χρονοτριβῆσαι ἐν τῇ Ἀσίᾳ· ἔσπευδεν γὰρ εἰ δυνατὸν εἴη αὐτῷ τὴν ἡμέραν τῆς πεντηκοστῆς γενέσθαι εἰς Ἱεροσόλυμα. Zur Reiseroute 20,13–15.

[14] 1 Kor 16,8: ἐπιμενῶ δὲ ἐν Ἐφέσῳ ἕως τῆς πεντηκοστῆς.

fixiertes Datum, ohne dass man davon ausgehen kann, dass Paulus beabsichtigte, an einer liturgischen Feier teilzunehmen.[15] Dass der Pfingsttag im jüdischen Milieu auch dazu diente, Termine festzulegen, wird durch eine kaiserzeitliche Grabinschrift aus Hierapolis bestätigt, worin Sorge getragen wird, dass das Geld für den Grabschmuck an drei Tagen des Jahres bereitstehen soll: am Neujahrstag, an Pascha und an Pfingsten.[16] Da es Paulus während der Endphase seiner dritten Missionsreise vor allem darum geht, die im Rahmen einer längerfristig organisierten Kollekte gesammelten Gelder bei der Gemeinde in Jerusalem abzuliefern,[17] könnte es sich auch bei dem in der Apostelgeschichte genannten Datum um den Termin eines Kalenders für Finanztransfers handeln. Dem entspricht, dass in der jüdischen Tradition Pfingsten auch als Fest der Erstlingsopfer galt.[18]

Die Zeit mag gedrängt haben, als Paulus den Hafen von Ephesos passierte und stattdessen in Samos landete, um dort gleich wieder die Anker zu lichten und die Reise nach Milet fortzusetzen. Seine Maßnahmen in Milet jedoch vertragen sich ganz und gar nicht mit einer dringlichen Agenda. Denn Lukas berichtet weiter, Paulus habe von Milet aus nach Ephesos gesandt, um die Ältesten der Gemeinde holen zu lassen.[19] Egal wie viele Personen das Gremium der Presbyter umfasste, die in der Folge als ἐπίσκοποι bezeichnet werden,[20] die Aufforderung des Paulus war eine Zumutung, und das hängt mit der schlechten Verbindung von Ephesos nach Milet zusammen.[21] Die Luftlinie zwischen den beiden Städten misst zwar nur etwa 30 Meilen,[22] jedoch die Boten des Paulus

---

[15] Vgl. Auf der Maur, Osterfeier, 125.
[16] Vgl. zu Ameling, Inscriptiones Judaicae Orientis, 414–416 nr. 196, Huttner, Kalender, 282–287.
[17] Vgl. v. a. 1 Kor 16,1–4; dazu Bruce, Book, 371 f.
[18] Vgl. Ex 23,16; Num 28,26. Phil. sp. leg. 2,179–187: ἑορτὴ πρωτογεννημάτων (179). Dazu Hieke, Levitikus, 906–913.
[19] Apg 20,17: Ἀπὸ δὲ τῆς Μιλήτου πέμψας εἰς Ἔφεσον μετεκαλέσατο τοὺς πρεσβυτέρους τῆς ἐκκλησίας.
[20] Apg 20,28. Zur Leitungsfunktion der Presbyter vgl. Wagner, Anfänge, 115–118.
[21] Ramsay, St. Paul, 223 f. macht auf diese Problematik aufmerksam und veranschlagt deswegen den Aufenthalt des Paulus in Milet auf drei bis vier Tage (vgl. Anm. 11). Wahrscheinlich ist auch diese Berechnung zu straff.
[22] Trebilco, Asia, 360.362 unterstreicht diese Entfernung mit Nachdruck, ohne auf die Schwierigkeiten der Verbindungswege einzugehen. Conzelmann, Apostel-

und die Presbyter aus Ephesos mussten sich an die Verkehrswege halten, die zur Verfügung standen: Zum einen gab es natürlich die Möglichkeit, mit einem Küstenschiff die Strecke von Hafen zu Hafen zu absolvieren und für die einfache Fahrt etwa 1,5 Tage zu kalkulieren.[23] Wer den Aufwand scheute, die Schiffstransfers zu organisieren, konnte selbstverständlich auch den Landweg wählen, wo allerdings wohl mit einer längeren Reisezeit zu rechnen war: Denn der Mäander stellte gerade im Frühjahr wegen der Schmelzwasser aus den Bergen ein beachtliches Hindernis dar, das nur mit Fährbooten und nicht ohne Gefahr zu bewältigen war. Heute ist das Mündungsgebiet des Mäanders verlandet, und der Landweg von Magnesia oder Priene nach Milet lässt sich in der Regel problemlos absolvieren.[24] In der Antike jedoch hatte sich das Schwemmland der Mäandermündung noch nicht weit in Richtung Meer vorgeschoben. Die Boten, die Paulus losschickte, mussten also erst einmal quer durch das teils versumpfte und recht ausgedehnte Mündungsgebiet des Flusses zum jenseitigen Ufer im Norden auf der Höhe von Priene gelangen,[25] um dann von dort die Reise in östlicher Richtung nach Magnesia fortsetzen zu können, wo man auf die große Magistrale einbog, die das obere Mäandertal mit Ephesos verband. Der Fußmarsch von Priene nach Ephesos, eine Strecke von ca. 30 Meilen, nahm einen oder sogar zwei Tage in Anspruch; dazu kam der Fährtransfer zwischen Milet und Priene, für den sicher ein halber Tag zu veranschlagen war.[26] Welchem

---

      geschichte, 125, ist sich demgegenüber der Schwierigkeiten bewusst: „Bis die Epheser hier waren, dauerte es mindestens 5 Tage (Luftlinie Milet-Ephesus ca. 50 km; der Landweg war bedeutend länger). Samos wäre ein günstigerer Treffpunkt gewesen." Im Schnitt ist mit der Tagesleistung eines Fußgängers von etwa 20 Meilen zu rechnen. Vgl. Ramsay, Church, 65; Kolb, Transport, 310 f.

[23] Berechnung nach Orbis: The Stanford Geospatial Network Model of the Roman World (http://orbis.stanford.edu, 29.9.2014). Ramsay, St. Paul, 221, macht auf die lokalen Windverhältnisse aufmerksam.

[24] Herrmann, Briefe, 87.166 nr. 36 (Foto vom überschwemmten Mündungsgebiet) berichtet allerdings: „Durch die winterliche Überschwemmung der Mäandermündung ist Milet von Norden her nicht zugänglich, was im Sommer der normale Weg ist."

[25] Zur geographischen Situation in der Antike Blümel/Merkelbach/Rumscheid, IvPriene, 350 f.; ebd., 186–189, enthält aufschlussreiches Kartenmaterial im Bilderteil.

[26] Fährverkehr im Mündungsgebiet des Mäanders belegt Strab. geogr. 14,1,10, der

Weg die Boten auch folgten, in jedem Fall musste der Apostel mehrere Tage warten, bis er die Presbyter aus Ephesos in Milet in Empfang nehmen konnte. Seine Scheu, selbst in Ephesos zu landen, muss beträchtlich gewesen sein und ist sicher auf die Turbulenzen zurückzuführen, die er dort während seines letzten Aufenthaltes erlebt hatte.[27]

3. Mobilität und Status

Dass Paulus und seine Mission von der dichten Infrastruktur des römischen Reiches profitierten und auf dieser Basis ein im ständigen Austausch stehendes Netzwerk von christlichen Gemeinden aufbauen konnten, wurde durch historische und theologische Forschungen in vielen Facetten nachgewiesen.[28] Milet bot sich Paulus als Anlaufstation zunächst deswegen an, weil die Stadt eingebunden war in ein Netz von Schiffsverbindungen, das problemlose An- und Abreise erlaubte. Nachdem Paulus seine Ansprache an die ephesischen Presbyter beendet hatte, fuhr er weiter über Kos und Rhodos nach Patara in Lykien; dort stieg er um in ein Handelsschiff mit Bestimmungsort Tyros.[29] Enge Kontakte Milets in den östlichen Mittelmeerraum, vor allem nach Ägypten, lassen sich schon für die vorklassische Zeit nachweisen.[30] In den hellenistischen Inschriften der Stadt finden die durch die Seefahrt gewährleisteten Verbindungslinien vielfache Bestätigung, egal ob es sich um eine Liste von Neubürgern handelt, die neben anderen auch einen gewissen Poseido-

---

davon spricht, dass man von Pyrrha nach Myus – zwei Siedlungen auf dem Territorium von Milet, die am südlichen Arm des Mäanderdelta liegen – mit dem Ruderboot gelangen konnte. Rehm/Wiegand, Milet 6,1, n. 150, dokumentiert Fährverkehr zwischen Milet und Ioniapolis (an der Latmos-Bucht). Zum Fährverkehr am Mäander auch Strab. geogr. 12,8,19 mit Engels, Flußgott, 193.

27 Apg 19,23–40.
28 Vgl. exempli gratia: Mitchell, Anatolia, 3–10; Markschies, Welten, 13–22; Trainor, Epaphras, 1–24 (mit jeweils unterschiedlicher Perspektive).
29 Vgl. Apg 21,1–3.
30 Vgl. Greaves, Miletos, 99; Bumke, Votive, 12 f.; Hölbl, Kulturgut, 182 f.; auch Lane Fox, Reisende Helden, 145 f.

nios aus Sidon verzeichnet,[31] oder um das Grab des Antigonos,[32] des Nauarchen des syrischen Usurpators Alexandros Balas, der im Zuge seiner Machtergreifung 153/2 v. Chr. gerade aus Milet maßgebliche Unterstützung erfuhr.[33]

Dass Mobilität und die Bereitschaft, auf Reisen zu gehen, enormes Prestige mit sich bringen konnten, belegen zahlreiche Ehreninschriften des Hellenismus und der Kaiserzeit, in denen explizit die Uneigennützigkeit von Gesandten gewürdigt wird, die diese Reisen im Interesse der Allgemeinheit aus eigener Tasche finanzierten.[34] Ein Zeitgenosse des Paulus, der bei dessen Aufenthalt in Milet sicher in vieler Munde war, hatte sich ganz besonders ins Zeug gelegt: Es handelt sich um Claudius Chionis, einen gebürtigen Milesier, der seine Karriere im Ritterstand absolviert hatte und über den eine Inschrift aus Didyma berichtet:[35] Demnach bekleidete Claudius Chionis zwar Offiziersposten in Rom und Alexandreia, verlor aber nie seine Heimatstadt aus den Augen, wo er eine ganze Reihe von Priesterämtern und Liturgien übernahm und für die er sich wiederholt (πολλάκις) auf Gesandtschaftsreise an den kaiserlichen Hof begab.[36] Auch dem Statthalter seiner Provinz war er zu Diensten, als Kanzleibeamter und Sekretär.[37] Seinen Ausgang hatte er genommen in

---

[31] Herrmann/Wiegand, Milet 6,3, n. 1060 (im Kommentar Verweis auf weitere Einbürgerungen aus Sidon).
[32] Dies., Milet 6,2, n. 422.
[33] Weiterführend Psoma, War or Trade?, 276.288. Zu weiteren Milesiern in seleukidischen Diensten: Chrubasik, Attalids, 115 f. Zu Handelsbeziehungen zwischen Milet und dem Seleukidenreich unter Antiochos IV. vgl. Herrmann/Wiegand, Milet 6,3, n. 1039 II.
[34] Vgl. Quaß, Honoratiorenschicht, 110–112.192–195. Zur Kaiserzeit etwa auch Corsten, IGSK 49,1, 127–129 (nr. 65 mit Kommentar von Corsten) und Marek, Inschriften, 321 f.325 f. (nr. 139 III c mit Kommentar von Marek).
[35] OGIS (Orientis Graeci Inscriptiones Selectae) 494; ILS (Inscriptiones Latinae Selectae) 8860. Weiterführend Devijver, Prosopographia militiarum equestrium, 247/C 130; ders., Prosopographia 4, 1500/C 130 (mit Erwägung einer Datierung in hadrianische Zeit); Demougin, Prosopographie, 501–503 nr. 604 (Datierung der Inschrift um 70).
[36] Z. 22-24: ... πεπρεσβευκὼς ὑπ[ὲρ τῆς π]ατρίδος πολλά[κις πρὸς] τοὺς αὐτοκράτορας ...
[37] Vgl. Haensch, Capita provinciarum, 621 f. mit vorsichtiger Datierung in die Amtsperiode 58/9; Ehrhard/Günther, Retter, 112 f.

einer der Spitzenfamilien Milets, um schließlich bei den Reichseliten Fuß zu fassen. Diesen Aufstieg hatte er sich mit erheblichen finanziellen Ressourcen, aber auch mit seiner enormen Mobilität erkauft: Immer wieder musste Claudius Chionis auf Reisen gehen. Claudius Chionis und Paulus waren beide Reisende, die sich sogar begegnet sein mochten, aber sie spielten ihre Rolle in ganz unterschiedlichen Kategorien. Claudius Chionis ging es darum, in der Gesellschaft, in der er sich zu Hause fühlte, also bei seinen Mitbürgern in Milet, zu reüssieren und dabei die Chancen zu nutzen, die sich einem finanzstarken und umtriebigen Provinzialen in der Reichsadministration boten. Paulus hingegen war bestrebt, die religiösen Ideen eines jüdischen Charismatikers einer breiten Anhängerschaft zugänglich zu machen.

Ein anderer Typus unter den Reisenden erweist sich für die Mobilität des Paulus als besonders wichtig, zumal er ihm die Möglichkeit gab, je nach Bedarf das Schiff zu wechseln und so seine Reisepläne zu verwirklichen: Allerdings lässt sich der Typ des Handelsreisenden in den Inschriften weit weniger leicht greifen als der Kommunalpolitiker oder der Amtsträger, der in offiziellem Auftrag unterwegs ist.

Hierapolis im Lykostal, gut 150 km von der Ägäisküste entfernt, beherbergt die letzte Ruhestätte des T. Flavius Zeuxis, der sich in der Zeit um 100 n. Chr. in markanter Lage unmittelbar neben dem nördlichen Stadttor ein monumentales Grabhaus errichten ließ.[38] Die Tafel über dem Eingang erteilt über die Quelle des Reichtums Auskunft, dem Flavius Zeuxis den stattlichen Grabbau zu verdanken hatte: Er war Händler (ἐργαστής), und zwar einer, der seinen Warenverkehr zwischen der Ägäisküste und Italien organisierte. Vollmundig preist ihn die Inschrift, er sei 72-mal am Kap Malea an der Südspitze der Peloponnes vorübergesegelt, um auf diesem Weg Italien zu erreichen.[39] Womit Flavius Zeuxis handelte, ist ebenso unklar wie der Ägäishafen, zu dem er seine Waren transportierte: Wegen der besseren Straßenanbindung an das Lykostal

---

[38] Vgl. D'Andria, Hierapolis, 67 f.
[39] Ritti, Guida epigrafica a Hierapolis, 67–70 nr. 9: [Τ]ίτος [Φλά]ουι{ι}ος Ζεῦξις ἐργαστής, π[λ]εύσας ὑπὲρ Μαλέον εἰς Ἰ[τ]αλίαν πλόας ἑβδομήκοντα δύο, … Drexhage, Wirtschaftspolitik, 246 bezeichnet Flavius Zeuxis als „Großhändler im Exportgeschäft". Erwähnt auch bei Ruffing, Wirtschaft, 114.

dürfte es eher Ephesos gewesen sein als Milet.⁴⁰ Jedenfalls machte er sich zweimal jährlich mit seiner Ladung das Mäandertal hinunter auf den Weg und riskierte den Transfer nach Italien. Als Überseehafen mochte Milet im Schatten von Ephesos stehen, dennoch dürfen wir sicher sein, dass auch dort reger Warenverkehr herrschte, wie sich aus der Existenz einer Zollstation schließen lässt, die epigraphisch dokumentiert ist.⁴¹ Eine frühbyzantinische Inschrift aus Milet belegt die Präsenz von Schiffseignern (ναύκληροι), die mit Seehandel ihr Geld verdienten.⁴²

Paulus war weder unterwegs im Auftrag seiner Heimatstadt noch zählte er zu den Exporthändlern, seine finanziellen Ressourcen umfassten nicht einmal einen Bruchteil dessen, was Claudius Chionis und Flavius Zeuxis zur Verfügung stand. Überdies waren diese beiden viel stärker im sozialen Gefüge ihrer Heimatstädte verwurzelt als Paulus und zogen auch daraus einen nicht unerheblichen Teil ihres sozialen Kapitals. Zugleich aber repräsentieren sie zwei Typen von Reisenden, deren Status nicht nur, aber doch auch auf ihrer enormen Mobilität beruht. Diese Mobilität wurde von den Zeitgenossen explizit gewürdigt und als prestigeträchtiger Faktor anerkannt. Man wird sich überlegen müssen, ob Paulus, der im 2. Korintherbrief seine Reisetätigkeit zu einem apostolischen Opferdienst stilisierte,⁴³ im Ansehen seiner Gastgeber nicht schon deswegen stieg, weil er so viel von der Welt gesehen hat.⁴⁴ Trotz dieser vorsichtig formulierten Konvergenzen muss man sich nach ganz anderen Typen von Reisenden umsehen, um eine Ahnung von dem Bild zu be-

---

⁴⁰ Immerhin bestand die Möglichkeit, ab Antiocheia am Mäander den Weg auf der Südseite des Flusses fortzusetzen und so auf einer kleinen Straße nach Milet zu gelangen. Vgl. zu dieser Verbindung Nollé, Beiträge, 30.

⁴¹ Cottier/Crawford/Crowther, Customs Law, 34 Z. 25 (Engelmann/Knibbe, Zollgesetz, 21 Z. 25, 67 f.); Herrmann/Wiegand, Milet 6,2, n. 563 mit Kommentar von Herrmann. Auch Priene hatte eine Zollstation (an der Mündung des Mäander): vgl. Cottier/Crawford/Crowther, Customs Law, ebd. bzw. Engelmann/Knibbe, Zollgesetz, ebd.; dazu Nollé, Pamphylische Studien, 336–338.

⁴² Herrmann/Wiegand, Milet 6,2, n. 975. Zur Rolle der ναύκληροι vgl. Kiourtzian, Recueil, 142 f.; Drexhage, Wirtschaftspolitik, 231 f.

⁴³ 2 Kor 11,26 f.

⁴⁴ Freilich wird dieses Prestige wieder durch die handwerkliche Tätigkeit des Paulus relativiert, die vielfach den Sklaven zugeordnet wurde. Vgl. etwa Hock, Context, 35 f. Zum Handwerk des Paulus vgl. u. S. 132–136.

kommen, das sich die Milesier, die Ephesier oder andere Griechen von dem rastlosen Apostel machten, wenn sie ihm begegneten.

4. Soziale Typen unter den Reisenden

4.1. Paulus, der reisende Sophist

Paulus weist die ephesischen Presbyter in seiner von Lukas stilisierten Abschiedsrede nachdrücklich und wiederholt darauf hin, dass er sie in vollem Umfang über den Willen Gottes unterrichtet und keinen nutzbringenden Rat verschwiegen habe.[45] Für diesen Dienst aber habe er „von niemandem Silber oder Gold oder ein Gewand verlangt".[46] Die theologischen Kommentare verweisen darauf, wie Samuel in einer situativ analogen Abschiedsrede vom Richteramt den Israeliten seine uneingeschränkte Uneigennützigkeit beteuerte: Nie habe er jemandem ein Rind oder einen Esel weggenommen, nie habe er sich durch Geschenke beeinflussen lassen.[47] Mindestens ebenso erhellend sind indes Analogien in der kaiserzeitlichen Rhetorik: Als Dion von Prusa, der sich zeitweise als Landarbeiter verdungen haben soll,[48] während der Regierungszeit Traians im phrygischen Apameia eine Rede zum Preis der Stadt inszenierte, unterstrich er gleich im ersten Satz der Ansprache, dass er nicht deswegen auftrete, um eine Show abzuziehen; auch erwarte er von seinen Zuhörern kein Geld, und es gehe ihm nicht darum, Lob einzuheimsen.[49] In einer Rede, die er in Tarsos hielt, machte er seine Uneigennützigkeit ebenfalls zum Thema: Nicht um von seinem Publikum etwas zu verlangen, sei er gekommen, sondern um ihm einen Nutzen zu bringen.[50] Das

---

[45] Apg 20,20 u. 20,27.
[46] Apg 20,33: ἀργυρίου ἢ χρυσίου ἢ ἱματισμοῦ οὐδενὸς ἐπεθύμησα In einem ähnlichen Kontext 1 Thess 2,5; 1 Kor 9,18; 2 Kor 11,9.12.13 f.; dazu Hock, Context, 61–64.
[47] 1 Sam 12,3. Vgl. Conzelmann, Apostelgeschichte, 129; Schneider, Apostelgeschichte, 298 f. mit Anm. 69; auch Lüdemann, Christentum, 235.
[48] Philostr. v. soph. 488. Vgl. Hock, Context, 40 f.45.
[49] Dion Chrys. 35,1: Οὐκ ἐπιδειξόμενος ὑμῖν, ὦ ἄνδρες, παρῆλθον οὐδὲ ἀργυρίου παρ' ὑμῶν δεόμενος οὐδ' ἔπαινον προσδεχόμενος.
[50] Dion Chrys. 34,4: ὅτι μηδενὸς αὐτὸς δέομαι παρ' ὑμῶν, ἀλλὰ τῆς ὑμετέρας

Argumentationsmuster ist dasselbe wie in der Ansprache des Paulus vor den ephesischen Presbytern, und diese Übereinstimmung fordert zu weiteren Überlegungen heraus.

Dass die Acta-Reden nur bedingt authentisches Material aus Ansprachen der Akteure enthalten und deutlich von Lukas überformt sind, entspricht inzwischen weitgehend dem Konsens der Forschung.[51] Das Bild, das Paulus hier von sich zeichnet, reflektiert also eher Vorstellungen der Zeit um 100 als solche der Zeitgenossen des Apostels. Ob diese Vorstellungen allerdings im Abstand von einem halben Jahrhundert tatsächlich gravierend voneinander abwichen, ist schwer zu sagen. Jedenfalls vermittelt die Apostelgeschichte in der Ansprache vor den ephesischen Presbytern von Paulus das Bild des uneigennützigen Lehrers im Habitus des reisenden Philosophen.[52] Ausdrücklich weist Paulus in seiner Abschiedsrede darauf hin, er habe in Ephesos sowohl öffentlich (δημοσίᾳ) als auch im kleinen Kreis (κατ' οἴκους) als Lehrer gewirkt.[53] Wenn er sich in diesem Zusammenhang von finanziellen Interessen distanziert, so richtet er sich damit auch gegen eine Haltung, die man traditionell mit den Sophisten assoziierte, die seit ihren ersten Auftritten im 5. Jh. v. Chr. dafür kritisiert wurden, dass sie ihre professionelle Lehre gegen Geld verkauften.[54] Die Mobilität der dozierenden Rhetoren und Philosophen scheint mit der Zweiten Sophistik während des 2. Jh.s einen Höhepunkt erreicht zu haben; Biographien wie die des mit Augustus befreundeten Xenarchos aus Seleukeia am Kalykadnos, des Niketes Sacerdos, der Plinius den Jüngeren unterrichtete und unter Nero bis an den Rhein reiste, oder des Musonius zeigen, dass einige griechische Philosophieprofessoren in der frühen Kaiserzeit ständig unterwegs waren.[55] Es besteht kein

---

ὠφελείας ἕνεκα ἐσπούδακα. Ähnlich auch in der Heimatstadt Prusa: 43,6. Weitere Beispiele aus dem Kontext der Philosophie bei Hock, Context, 48f.

51 Vgl. Schnelle, Einleitung, 345f.
52 Weiterführend zur Rolle des Paulus als philosophischer Lehrer Gerber, Paulus, 29–32.
53 Apg 20,20.
54 Zu dieser Kritik z. B. Aristoph. Nub. 98; Plat. Men. 91D – 92A. Vgl. Hock, Context, 52, mit weiteren Belegen; auch Winter, Philo, 49.91–94 (zur Kritik Philons), sowie 167.
55 Zu Xenarchos vgl. etwa Bowersock, Augustus, 33f. Zu Niketes etwa Philostr. v. soph. 512, wo allerdings deutlich wird, dass die Reise an den Rhein auf einen von

Grund, Paulus nicht der Kategorie der Philosophen und Redner zuzuordnen,[56] und zwar umso weniger, als sich der Typus des vom Publikum begeistert gefeierten rhetorisch versierten Virtuosen, der die Vorstellung von der Zweiten Sophistik prägte, durchaus schon unter den Zeitgenossen des Apostels fand. Passagen aus den Korintherbriefen sind als kritische Stellungnahmen gegenüber dem überbordenden Selbstbewusstsein solcher Schauredner zu interpretieren.[57]

Dass in Milet die Ansprüche öffentlicher Rhetoren auf Resonanz stießen, dafür leistete schon die Existenz mehrerer Gymnasien Gewähr.[58] Wenige Jahre ehe Paulus in Milet landete, waren die aufwändigen Renovierungs- und Erweiterungsarbeiten an einem der hellenistischen Gymnasien beendet worden. Cn. Vergilius Capito, ein reicher Milesier, der es in der ritterlichen Laufbahn noch viel weiter gebracht hatte als sein Mitbürger Claudius Chionis, nämlich bis zum praefectus Aegypti, hatte die Mittel dafür großzügig zur Verfügung gestellt.[59] Im Gedächtnis der Milesier blieb Capito schon deswegen präsent, weil das Schul- und Ther-

---

Nero angeordneten Gerichtstermin zurückzuführen war; zu Musonius, der zwar aus Etrurien stammte, aber in griechischer Sprache lehrte und mehrmals ins Exil gehen musste, vgl. Laurenti, Musonio, 2137. Vgl. allgemein zur Kaiserzeit auch Hahn, Philosoph, 165–171.

[56] Vgl. Judge, Christians, 539–551 (das Kapitel mit dem Titel „St Paul the Sophist: Platform and Retinue") – (orig. in Journal of Religious History 1 [1960], S. 5–15; [1961], S. 125–137); auch Judge, St Paul, 32.

[57] Vgl. Winter, Philo, 111–255. Vos, Argumentation, 224–244, vergleicht die Argumentationsweise des Paulus in Röm mit rhetorischen Strategien der Sophisten.

[58] Vgl. Delorme, Gymnasion, 126–133. Der pergamenische König Eumenes II. stellte große Mengen Getreide von seinen Domänen zur Verfügung, um so den Bau eines dieser Gymnasien in Milet zu finanzieren: Herrmann/Wiegand, Milet 6,3, n. 1039; vgl. Thonemann, Asia, 26. Gegen Ende des 3. Jh. v.Chr. hatte der reiche Eudemos zusammen mit seinen Brüdern eine Stiftung eingerichtet, um die Bestallung von je vier Sport- und je vier Elementarlehrern (γραμματοδιδάσκαλοι) Jahr für Jahr sicherzustellen. Dazu Rehm/Wiegand, Milet 6,1, n. 145 (SIG³ [Sylloge inscriptionum Graecarum] 577) mit Scholz, Elementarunterricht, 107–109.

[59] Rehm/Wiegand, Milet 6,1, n. 328, wo der Bau als βαλανεῖον bezeichnet wird. Die Präfektur in Ägypten hatte Capito zwischen 47 und 54 inne. Die Baumaßnahmen in Milet wurden vermutlich danach in die Wege geleitet. Vgl. zur Person neben Demougin, Prosopographie, 569–571, nr. 679 und Günther/Ehrhardt, Retter; auch Günther, Caligula, 116–118. Zum Bau vgl. Blum, Milet, 47f.

mengebäude nach ihm benannt wurde. In Milet gab es somit die adäquate Infrastruktur, um einerseits ein breites Interesse für den gebildeten Diskurs zu wecken und andrerseits Knaben die Chance zu geben, sich die Grundlagen anzueignen, um später in diesem Diskurs mithalten zu können. Einige Jahre nach dem Besuch des Paulus leitete der junge, aus Milet stammende Dionysios seinen Aufstieg ein: In seiner Ehreninschrift aus Ephesos, die in die Regierungszeit Hadrians datiert werden kann, wird er als „Rhetor" und „Sophist" bezeichnet. Im selben Atemzug weist der Text auf das zweimalige Prokuratorenamt hin, das Dionysios dem Kaiser zu verdanken hatte.[60] Philostrat berichtet über die intensive Reisetätigkeit des Dionysios, der in Ephesos auch seine letzte Ruhe fand,[61] folgendes: „Er besuchte ungemein viele Städte und nahm mit ungemein vielen Völkern Kontakt auf, und nie machte man ihm den Vorwurf, ein Lustmolch oder ein Scharlatan zu sein, machte er doch den Eindruck, eine sehr besonnene und beherrschte Person zu sein."[62] Die reisenden Lehrer und Deklamatoren wurden also auch nach ethischen Maßstäben bewertet, und es ist klar, dass Paulus entsprechenden Erwartungen gerecht werden musste.

Obwohl Paulus – ebenso wie diejenigen konkurrierenden Prediger, vor denen er selbst warnt[63] – auch als Lehrer wahrgenommen wurde, so war er dennoch nicht derart im Kontext der sozialen Eliten verwurzelt wie etwa Dion von Prusa oder Dionysios von Milet: Weder genoss er, nach allem was wir wissen, sonderliches Ansehen in seiner Heimatpolis, noch bot sich ihm die Gelegenheit, an den Kaiser heranzutreten und von dessen Nähe zu profitieren.

Als Paulus die Presbyter aus Ephesos daran erinnerte, dass er nie materielle Güter von ihnen verlangt habe, begründete er diese Uneigennützigkeit mit seinem Handwerk, mit dem er den Lebensunterhalt für sich und die Seinen erwirtschaftete: „Ihr wißt doch selbst, daß für meine

---

[60] IvEphesos 3047. Im Kontext der ephesischen „Sophisten" geht Fischer, Redner, 135f. auf Dionysios ein.
[61] Vgl. zu IvEphesos 426 Philostr. v. soph. 526.
[62] Philostr. v. soph. 524: πλείστας δὲ ἐπελθὼν πόλεις καὶ πλείστοις ἐνομιλήσας ἔθνεσι οὔτε ἐρωτικήν ποτε αἰτίαν ἔλαβεν οὔτε ἀλαζόνα ὑπὸ τοῦ σωφρονέστατός τε φαίνεσθαι καὶ ἐφεστηκώς.
[63] Vgl. Gal 1,6–9; 5,10–12; dazu Breytenbach, Paulus, 127–144; Frey, Galaterbrief, 247–249; auch Kol 2,4–8; dazu Huttner, Christianity, 124f.

Bedürfnisse und für meine Begleiter diese Hände hier zu Diensten standen."[64] Nur auf den ersten Blick steht diese Bemerkung zu dem Bild des Lehrers mit philosophischem Anspruch im Widerspruch, mit dem Paulus in vieler Hinsicht übereinstimmt. Denn in der frühen Kaiserzeit existierten durchaus Konzepte, wonach ein Philosoph seinen Lebensunterhalt am besten mit seiner Hände Arbeit verdienen sollte.[65] Unter den Exzerpten, die sich aus Mitschriften zu Vorlesungen des Musonius, eines jüngeren Zeitgenossen des Paulus, erhalten haben, befindet sich eines zu dem Thema „Welche Einkünfte für einen Philosophen angemessen sind".[66] Musonius erörtert darin, dass die Landwirtschaft, egal ob auf eigenem Grund oder auf fremdem, dem Philosophen schon deswegen am ehesten entspreche, weil er so einerseits durch die harte Arbeit Selbstbeherrschung und Selbstüberwindung trainiere und ihm andererseits genügend Zeit bleibe, über philosophische Fragen nachzusinnen. Seine Schüler sollten am besten mit ihrem Lehrer draußen auf dem Land eine Lebens- und Arbeitsgemeinschaft bilden, um so mit den praktischen Erfordernissen eines rechten Philosophendaseins unmittelbar konfrontiert zu werden.[67] Selbstverständlich muss man in Rechnung stellen, dass Musonius hier in der jahrhundertelangen Tradition einer Idealisierung der Landwirtschaft steht und dass er zusätzlich den schlechten Einfluss eines Lebens in der Stadt auf junge Menschen akzentuiert. Insofern kann man dieses Konzept nicht eins zu eins auf Paulus und seine Einnahmequellen übertragen, aber immerhin wird deutlich, dass sich philosophische Lehrtätigkeit und mühevoller Gelderwerb nicht gegenseitig ausschließen. In der rabbinischen Tradition hatte dieser Konnex ebenfalls Bestand: Ein Lehrer, der für seinen Unterricht Geld nahm, war jedenfalls diskreditiert.[68]

---

[64] Apg 20,34: αὐτοὶ γινώσκετε ὅτι ταῖς χρείαις μου καὶ τοῖς οὖσιν μετ' ἐμοῦ ὑπηρέτησαν αἱ χεῖρες αὗται.
[65] Vgl. hierzu auch Hock, Context, 39–41.56f. Zu Dion von Prusa o. S. 127.
[66] Τίς ὁ φιλοσόφῳ προσήκων πόρος. (Hense, Musonius, 57–63).
[67] Vgl. auch Hock, Context, 48.57f.
[68] Vgl. die Belege bei Bruce, Book, 346.

4.2. Paulus, der reisende Handwerker

Paulus arbeitete nicht auf dem Acker, sondern er verdiente sein Geld mit einem Handwerk, das sich auf unregelmäßige Bedarfssituationen einzustellen hatte. In seinen Briefen nimmt er zweimal Bezug darauf: Sowohl im 1. Thessalonicherbrief als auch im 1. Korintherbrief weist er auf die Mühen seiner Arbeit hin,[69] die zu seinem Habitus uneigennütziger Demut zählen, aber in keinem der beiden Fälle erwähnt er, um welche Art von Arbeit es sich handelt. Indes fällt der Name seines Berufs in der Apostelgeschichte, wo seine Ankunft in Korinth in der Zeit um 50 n. Chr. geschildert wird: Dort habe er sich mit Aquila und Priscilla zusammengetan, einem jüdischen Ehepaar, das aus Rom geflohen war; als σκηνοποιοί hätten sie dasselbe Handwerk praktiziert, so dass sich die Gelegenheit bot, im Rahmen eines kleinen Betriebes die nötigen Grundlagen zu schaffen, um den Lebensunterhalt zu bestreiten.[70] Der Terminus σκηνοποιός ist zwar kein Hapax Legomenon, aber die einzige Textparallele, nämlich ein Eintrag im kaiserzeitlichen Onomastikon des Iulius Pollux, führt offenbar auf eine falsche Fährte.[71] Denn dort wird der σκηνοποιός mit Verweis auf die Alte Komödie mit dem μηχανοποιός identifiziert, der die Aufgaben eines Bühnenmechanikers versah.[72] Jedoch hat es wenig für sich, dass Paulus in Korinth zusammen mit seinen jüdischen Gefährten Installationsarbeiten im Theater verrichtete, vielmehr leitet sich die Berufsbezeichnung von σκηνή im Sinne von Zelt ab.[73] In Inschriften

---

[69] 1 Thess 2,9; 1 Kor 4,12. Vgl. Klein, Craftsmanship, 95.

[70] Apg 18,3: ... καὶ διὰ τὸ ὁμότεχνον εἶναι ἔμενεν παρ' αὐτοῖς, καὶ ἠργάζετο· ἦσαν γὰρ σκηνοποιοὶ τῇ τέχνῃ. Horsley, NDIEC 2, 17, ist der Ansicht, dass auch Priscilla zu dieser Handwerkergemeinschaft dazugehört. Der Hinweis auf das Handwerk der Zeltmacherei fehlt im Codex Bezae. Vgl. dazu Ramsay, Church, 159, der vermutet, dass der Codex Bezae eine spezifisch kleinasiatische Version überliefert.

[71] Belege in dokumentarischen Papyri oder auf Ostraka fehlen bislang offensichtlich: Vgl. Arzt-Grabner, Philemon, 65 Anm. 27.

[72] Poll. 7,189: τοὺς δὲ μηχανοποιοὺς καὶ σκηνοποιοὺς ἡ παλαιὰ κωμῳδία ὠνόμαζε. Vgl. Lampe, Paulus, 257.

[73] So die gängige Meinung: Vgl. etwa Deissmann, Paulus, 35; Conzelmann, Apostelgeschichte, 114 („Sattler"); Bruce, Book, 346; Rapske, Acts, 7; auch Ebel, Leben, 112f. Zweifel deutet Markschies, Welten, 21 an, indem er hinter „Zeltmacher" ein Fragezeichen setzt.

ist zweimal das Substantiv σκηνοποιία belegt, zum einen in einem stark fragmentierten Kultgesetz aus dem lykischen Isinda, das wohl ins 3. Jh. v. Chr. gehört,[74] und in einem langen Text aus Amphipolis aus der Zeit um 200 v. Chr., der in einer Reihe von Paragraphen den Marsch und Einsatz des makedonischen Heeres reguliert, unter anderem auch den Lagerbau, in dessen Rahmen eine σκηνοποιία für den König zu gewährleisten sei.[75] Aus dem Zusammenhang geht jeweils hervor, dass es nicht um die Produktion eines Zeltes geht, sondern darum, das Zelt aufzuschlagen.[76] Selbstverständlich wird man bei Paulus dennoch voraussetzen, dass er ein Zelt*macher* und kein Zelt*aufsteller* gewesen ist.

In der älteren Exegese war man noch davon ausgegangen, dass Paulus als σκηνοποιός Leinen oder Wolle verarbeitete.[77] Zelte im militärischen Kontext waren jedoch, nach allem was wir wissen, aus Leder gefertigt: Dies zeigen archäologische Befunde in römischen Militärlagern ebenso wie die lateinische Bezeichnung der Soldatenzelte als *pelles*.[78] Wir dürfen davon ausgehen, dass Paulus den Kontakt zu Lederproduzenten suchte, mit denen ja überall zu rechnen war, wo Vieh gezüchtet wurde.[79] Epigraphische Zeugnisse für das Lederhandwerk kennen wir aus dem Lykostal: In Kolossai war Dion bestattet, der in seiner Grabinschrift

---

[74] TAM (Tituli Asiae Minoris) I 65. Dem griechischen Text geht ein analoger Text in lykischer Sprache voraus. Vgl. dazu Adiego, inscripciones, 253f. (auch zur Datierung); auch Schuler, Priestertum, 502. In Heiligtümern konnte σκηνή dasjenige Gebäude kennzeichnen, in dem das Opferbankett stattfand. Dazu Robert, Sanctuaire, 49f.

[75] Moretti, ISE, nr. 114 (mit dem Kommentar von Moretti).

[76] Die literarischen Belege von σκηνοποιία bestätigen diese Bedeutung. Vgl. Michaelis, σκηνοποιός, 394f.

[77] Vgl. etwa Deissmann, Paulus, 35–37; weiterführend Michaelis, σκηνοποιός, 395f.; Hock, Context, 21; Rapske, Acts, 7. Auch Lampe, Paulus, und Arzt-Grabner, Philemon, 65–70, ordnen die Zeltmacherei des Paulus dem Textilgewerbe zu; ähnlich Hengstl, Erfahrungsprofil, 79.

[78] Zum archäologischen Befund Junkelmann, Legionen, 309–311. Zur Wendung *sub pellibus* vgl. Baatz, Hibernacula, 148f. (wieder in: ders.: Bauten, 106f.). Das Militär zählte sicher zu den Hauptabnehmern für Leder. Vgl. Fischer, Armee, 241f.; Ruffing, Wirtschaft, 97.

[79] Eingehende Untersuchungen zum Handwerk des Paulus in der Lederverarbeitung bei Hock, Context, 20–25, der auch auf das (partiell falsche) Verständnis von σκηνοποιός in frühen Bibelübersetzungen und in der patristischen Literatur verweist.

als διφθερ[ο]πύς (= διφθεροποιός) bezeichnet wird.[80] Im Supplement des Liddell-Scott wird als Übersetzung für die nur in dieser Inschrift dokumentierte Vokabel alternativ „leather-worker" oder „parchment-maker" vorgeschlagen.[81] Offensichtlich hatte sich Dion darauf spezialisiert, Tierhäute sachgerecht zuzubereiten, um entweder den Grundstoff für Ledererzeugnisse (etwa auch Zelte) oder gleich in besonders feiner Verarbeitung Pergament herzustellen. Männer wie Paulus könnten zu seinen Abnehmern gezählt haben. Im 2. Timotheusbrief fordert der Autor den Adressaten in Ephesos auf, Bücher (in Form von Papyrusrollen: βιβλία) und vor allem Pergament (μεμβράναι) mitzubringen.[82] Offensichtlich waren also in den Kreisen der Paulusschüler Pergamentkodizes in Gebrauch.[83] Es ist zweifelsohne eine reizvolle Überlegung, hier einen Zusammenhang mit dem Handwerk des Paulus herzustellen und spezifisch frühchristliche Buchtraditionen auf die Spezialisierung des Apostels auf die Produktion von Pergament zurückzuführen.[84]

In Hierapolis ist der Handwerkerverein der κοπιδερμοί belegt,[85] also von Spezialisten, die in einem ähnlichen Ressort tätig waren wie Dion im benachbarten Kolossai. Auch bei dieser Berufsbezeichnung ist es schwer, weitere Belege zu finden.[86] Die Zusammensetzung aus κόπτω und δέρμα signalisiert jedenfalls, dass diese Männer Tierhäute verarbeiteten.[87] Das Bild vom Ledergewerbe in Kleinasien ließe sich selbstver-

---

[80] MAMA (Monumenta Asia Minoris Antiqua) VI 44; dazu Cadwallader, Inscription, 111 f. nr. 2.
[81] Liddell/Scott, Greek-English Lexicon, 95.
[82] 2 Tim 4,13: τὸν φαιλόνην ὃν ἐν Τρωάδι παρὰ Κάρπῳ ἐρχόμενος φέρε, καὶ τὰ βιβλία μάλιστα τὰς μεμβράνας. Donfried, Paul, 249, überlegt, φαιλόνης als Behältnis für Buchrollen zu deuten.
[83] Zur Nutzung von Pergament für die Aufzeichnung von Urkunden im Stadtarchiv von Priene vgl. Blümel/Merkelbach/Rumscheid, IvPriene, 69,18 (1. Jh. v. Chr.); dazu Blümel, Beitrag, 24 f.
[84] In diesem Sinne Donfried, Paul, 254.
[85] Vgl. Ritti, Associazioni, 73 (Verweis auf eine unpublizierte Grabinschrift). Erwähnt auch von Dittmann-Schöne, Berufsvereine, 246.
[86] Vgl. immerhin Poljakov, Inschriften, 250.
[87] Vgl. aber auch Baldwin, κοπιδερμία/κοπιδερμος, und Thonemann, Estates, 450 (κοπιδερμία als Kastration?) zu dem problematischen Beleg bei Malalas 401. Dazu noch Thesaurus Linguae Latinae IV, Sp. 912 (s. v. *copidermus*): beschnittener Sklave.

ständlich durch zusätzliche Zeugnisse ausdifferenzieren, vor allem wenn man die zahlreichen Schuhmacher berücksichtigt;[88] die beiden Inschriften aus dem Lykostal zeigen indes, dass stets mit Spezialisierungen zu rechnen ist, die ihren Niederschlag in einer entsprechend speziellen Terminologie finden.[89] Die διφθεροποιοί und κοπιδερμοί sind in den antiken Texten ebenso schwer aufzuspüren wie die σκηνοποιοί. Paulus lässt sich also als Repräsentant einer gewerblichen Spezialisierung erkennen, die generell in der römischen Kaiserzeit Platz greift.[90]

Paulus wird in Milet kaum Zeit gefunden haben, seinem Handwerk nachzugehen,[91] und daher ist es auch nicht sicher, ob er dort überhaupt als Zeltmacher (oder Pergamentproduzent) wahrgenommen wurde. Grundsätzlich stellt sich die Frage, wie sich im Falle des Paulus seine Erwerbstätigkeit mit seinen Reisen vereinbaren ließ, auch, ob er seine Werkzeuge und Produkte im Gepäck mit sich führte und wie er sie an den Mann brachte. Manche der Werkstätten, in denen Paulus seinem Handwerk nachging, verfügten vermutlich über die nötigen Vorrichtungen zum Verkauf der Ware.[92] Aber auch turnusmäßige Märkte dürften

---

[88] Vgl. Drexhage, Wirtschaftspolitik, 177; Belege in Dittmann-Schöne, Berufsvereine, verstreut im Anhang.
[89] Generell zur Ausdifferenzierung der Berufsbezeichnungen Ruffing, Wirtschaft, 65, auch 108 f.
[90] Vgl. Drexhage, Wirtschaftspolitik, 186 f.
[91] Dass es für Paulus in Milet genügend Kooperationsmöglichkeiten gab, wird man voraussetzen dürfen, auch wenn es an der Mäandermündung an expliziten Zeugnissen zum Ledergewerbe gebricht. Denn wir erfahren aus epigraphischen Zeugnissen von Materialien, die den Gerbern nützliche Dienste leisteten: Zum Alaun, der in der Weißgerberei (dazu Blümner, Technologie, 268 f.) Anwendung fand: Blümel/Merkelbach/Rumscheid, IvPriene, 417, Z. 14–16; dazu Blümel, Beitrag, 22; zur Salzgewinnung im Bereich der Mäandermündung: Blümel/Merkelbach/Rumscheid, IvPriene, 67, Z. 115; 71, Z. 48; dazu Thonemann, Maeander, 327–332. Salz fand ebenfalls in der Weißgerberei Verwendung. Traganth in Milet: Rehm/Wiegand, Milet 6,1, n. 210; dazu Robert, travers, 342–350. Traganth fand als pharmazeutisches Mittel und in der Alchemie Verwendung (Halleux, alchimistes, 231), zumindest seit der Neuzeit auch in der Lederproduktion (Ortloff, Darstellung, 27). In einen vergleichbaren technologischen Kontext wie die Verarbeitung des Leders gehört überdies die Purpurfärberei, die in Milet ebenfalls epigraphisch dokumentiert ist (vgl. zu Herrmann/Wiegand, Milet 6,2, n. 666, Herrmann, Purpur).
[92] Vgl. etwa Hock, Context, 33.

ihm Gelegenheit geboten haben,[93] Interessenten für seine fertigen Zeltbahnen zu finden. In einem Brief an den Prokonsul der Provinz Asia vom Beginn des 3. Jh.s, in dem dieser gebeten wird, Marktrechte an ein Dorf bei Magnesia zu vergeben, ist von den Händlern die Rede, die in regelmäßigen Abständen die Märkte in der Gegend besuchten, um ihre Waren zu verkaufen. Paulus mag sich zuweilen solchen Händlern zugesellt haben, die in dem Text als τὰ ὤνια διατιθέμενοι bezeichnet werden.[94] Die Händler, welche die Märkte in der Umgebung der größeren Städte besuchten, rekrutierten sich gewiss vornehmlich aus der jeweiligen Region. Paulus hielt sich indes zuweilen für längere Zeit in ein und derselben Stadt auf, während seiner dritten Missionsreise etwa mehr als zwei Jahre in Ephesos und offensichtlich drei Monate in Korinth.[95] Gerade in solchen Phasen größerer Ruhe bot sich Gelegenheit, das Werkzeug auszupacken, Kontakt zu Lederproduzenten aufzunehmen, Ware einzukaufen und eben auch vor Ort oder auf den Märkten in der Nähe die fertigen Produkte an den Mann zu bringen.

In den Augen der Zeitgenossen konnte Paulus, soviel wurde bisher klar, ganz unterschiedliche Typen eines Reisenden verkörpern: zum einen den umtriebigen Lehrer und Gelehrten, der mit der Proklamation seiner Botschaft Stadt für Stadt Anklang zu finden suchte; zum anderen den alles in allem bescheidenen Händler, der seine Produkte in kleinem Rahmen auf lokalen Märkten verkaufte und sich angesichts des geringen Umsatzes schwer vergleichen lässt mit den weltgewandten Kauffahrern à la Flavius Zeuxis. Jedoch damit ist es nicht getan: Denn das Rollenspiel des Paulus ist viel zu komplex, als dass er sich auf zwei Prototypen reduzieren ließe.

---

[93] Allgemein zur Distribution von Waren über Märkte während der römischen Kaiserzeit Ruffing, Wirtschaft, 112f. Instruktiv auch Fellmeth, Brot, 54–59.
[94] Vgl. zu diesem Text Nollé, Nundinas, 11–58 (Edition und Kommentar). Das Edikt, das auf diesen Brief an den Prokonsul folgt, stammt aus dem Jahr 209.
[95] Apg 19,8–10; 20,3. Dazu Bruce, Book, 381.

4.3. Andere Typen: Wunderheiler, Ärzte, Pilger

Wie andere Apostel auch[96] zeichnete sich Paulus durch die Fähigkeit aus, Menschen mit Hilfe seiner von Gott gewährten Heilkraft gesund zu machen:[97] In Lystra etwa heilte er einen Gelähmten,[98] in Philippi betätigte er sich als Exorzist.[99] Auch während seines langen Aufenthaltes in Ephesos sorgten seine Wunderheilungen für Aufsehen. Lukas schreibt dazu in der Apostelgeschichte: „Die Macht, die Gott durch die Hände des Paulus entfaltete, war nicht nur beiläufiger Art, so dass zu den Kranken auch die Schweißtücher und die Wäsche fortgetragen wurde, die er auf der Haut getragen hatte, und von ihnen die Beschwerden wichen und die bösen Geister ausfuhren."[100] Die Presbyter, zu denen Paulus in Milet sprach, hatten diesen auch als Wunderheiler kennengelernt. Die besondere Energie oder Fähigkeit, mit der Paulus für Aufsehen sorgte, lässt unterschiedliche Zuschreibungen und damit auch unterschiedliche Rollenbilder zu. Philostrat bestritt zwar, dass Apollonios von Tyana, ein jüngerer Zeitgenosse des Paulus, zu den μάγοι zähle, allerdings selbstverständlich nur deswegen, weil andere eben diesen Vorwurf gegen ihn erhoben.[101] Apollonios war viel unterwegs, sein geographischer Horizont reichte von der Iberischen Halbinsel bis nach Indien: Die Wegstrecken, die er zurücklegte, waren enorm und übertrafen die Reisedistanzen des Paulus um ein Vielfaches. Er vollführte Wunderheilungen, die sich mit denen von Jesus Christus und demzufolge auch mit denen des Paulus vergleichen lassen:[102] In Athen trieb er unter großem Spektakel einen

---

[96] Vgl. Apg 2,43; 3,2-9 (Petrus).
[97] Apg 14,3;15,12. Grundlegend zu den Wundertaten des Paulus vgl. Schreiber, Paulus; auch Busch, Magie, 162-164.
[98] Apg 14,8-10.
[99] Apg 16,16-18.
[100] Apg 19,11 f.: Δυνάμεις τε οὐ τὰς τυχούσας ὁ θεὸς ἐποίει διὰ τῶν χειρῶν Παύλου, ὥστε καὶ ἐπὶ τοὺς ἀσθενοῦντας ἀποφέρεσθαι ἀπὸ τοῦ χρωτὸς αὐτοῦ σουδάρια ἢ σιμικίνθια καὶ ἀπαλλάσσεσθαι ἀπ' αὐτῶν τὰς νόσους, τά τε πνεύματα τὰ πονηρὰ ἐκπορεύεσθαι.
[101] Philostr. v. Apoll. 1,2. Vgl. Bieler, Θεῖος Ἀνήρ, 84 f.
[102] Die Parallelen zwischen den Wunderheilungen des Apollonios und denen Jesu Christi zeichnet auch Bultmann, Geschichte, 247-249, nach. Vgl. du Toit: Theios Anthropos, 276-320.

Dämonen aus.¹⁰³ Als in Ephesos eine Seuche ausbrach, traf eine Gesandtschaft bei Apollonios ein, um ihn „als Arzt gegen die Krankheit" in Aktion treten zu lassen, worauf er mit Hilfe eines Voodoo-Zaubers für Abhilfe sorgte.¹⁰⁴ Die Methoden des Apollonios mögen den Eindruck der Effekthascherei erwecken, mehr zumindest als im Falle des Paulus; die Erwartungshaltung, mit der die Zeitgenossen dem Heiler gegenübertraten, lässt sich durchaus vergleichen. Die Fähigkeit, Kranke zu heilen und Dämonen auszutreiben, zeichnet den Typus des θεῖος ἀνήρ aus, dem Jesus, aber auch Paulus, ebenso zuzurechnen ist wie Apollonios von Tyana.¹⁰⁵ Allerdings verlangt jene Fähigkeit nicht unbedingt nach einer sakralen Erklärung, zumal man Apollonios nicht anders als Paulus auch in der Rolle des professionellen Arztes erkannte. Diese Analogien behalten auch dann ihre Plausibilität, wenn man in den Berichten Philostrats in erster Linie eine fiktionale – romanhafte – Biographie erkennt.¹⁰⁶ Zunächst geht es allein darum, dass hier das exemplarische Bild eines heilmächtigen Fernreisenden gezeichnet wird.

Die Mobilität unter seriösen Ärzten war während der Kaiserzeit schon deswegen relativ hoch, weil unter den Städten ein reger Wettbewerb herrschte, die besten Spezialisten an sich zu binden, und weil jene entsprechende Privilegien genossen.¹⁰⁷ Ein Sonderfall ist zweifelsohne Tiberius Claudius Tyrannus, ein Zeitgenosse des Paulus: Er war Freigelassener des Claudius oder Neros und hatte zunächst mit seinen Fähig-

---

[103] Philostr. v. Apoll. 4,20.
[104] Philostr. v. Apoll. 4,10: … ἐπεὶ δὲ ἡ νόσος τοῖς Ἐφεσίοις ἐνέπεσε καὶ οὐδὲν ἦν πρὸς αὐτὴν αὔταρκες, ἐπρεσβεύοντο παρὰ τὸν Ἀπολλώνιον, ἰατρὸν ποιούμενοι αὐτὸν τοῦ πάθους, …
[105] Weiterführend zu diesem Typus etwa Paulsen, Verherrlichung, 97–108, der davon ausgeht, dass das von Philostrat gezeichnete Bild des Apollonios partiell vom Lukasevangelium abhängt; Demandt, Wundermänner, 75, der hier von „charismatischen Glücklichmacher(n)" spricht. Zur christlichen Sicht auf Apollonios vgl. Speyer, Bild, v. a. 53–63. Dazu noch die o. in Anm. 101f. genannte Literatur.
[106] Vgl. knapp zu dieser Einschätzung Holzberg, Roman, 29f.
[107] Instruktiv Horsley, NDIEC 2, 12.19–21 (mit weiteren Belegen für Wanderärzte); weitere Beispiele bei İplikçioğlu, Heraklit, 236f. Zugehörigkeit von Ärzten zu den kommunalen Eliten: Samama, médecins, 62–64. Der Typus des Wanderarztes, an dem die Gesellschaft ein gesteigertes Interesse bekundet, ist schon in Hom. Od. 17,384 angelegt.

keiten am Kaiserhof Eindruck gemacht, ehe er sich in die Gegend von Magnesia zurückzog, wo er von seinen Mitbürgern geehrt und durch Abgabenfreiheit privilegiert wurde.[108] Eine eigene, sicher minder angesehene Kategorie bilden demgegenüber die jüdischen Exorzisten, die sich laut Apostelgeschichte zufällig zur selben Zeit wie Paulus in Ephesos aufhielten und deren Wunderheilungen mit denen des Apostels verglichen werden. Im Text des Lukas tragen jene Exorzisten das Attribut περιερχόμενοι und werden damit als unstete Reisende gekennzeichnet.[109] Selbstverständlich gab es Unterschiede in der Seriosität der mobilen Heiler, und die einen werden Paulus eher im unteren Bereich des Spektrums als Magier,[110] die anderen im oberen als Arzt eingeordnet haben.

Paulus blieb nicht der einzige Apostel in Kleinasien, der als Arzt wahrgenommen wurde: Allerdings ist die Überlieferung über Philippos, der sich nach langer Reisetätigkeit in Hierapolis niedergelassen und eine Krankenstation (ἰατρεῖον) für Augenleidende betrieben haben soll,[111] erst spät in den sogenannten Philipposakten zu greifen, die in der Zeit um 400 Gestalt gewannen.[112] Gut ein Jahrhundert früher sind immerhin die Johannesakten anzusetzen, die ihren apostolischen Protagonisten ebenfalls als Heiler vorstellen.[113]

Ein letztes Rollenbild soll hier kurz zur Sprache kommen, das religionsgeschichtlich deswegen von besonderem Interesse ist, weil es Konvergenzen unterschiedlicher Religionsgruppen – konkret zwischen griechischen Kulten einerseits und Judentum andrerseits – signalisiert. Auch wenn Paulus das Pfingstfest in Jerusalem nicht aus religiösen Gründen ansteuerte, so bestimmte es doch den Reisekalender des Apostels. Dies verband ihn mit unzähligen Festgesandten, den sogenannten Theoren, die unentwegt im griechischen Kulturraum zu Wasser und zu Lande

---

[108] Kern, Inschriften, 113 = SIG³ 807 (mit Kommentar). Vgl. Samama 2013, 345–347 nr. 224.
[109] Apg 19,13: ... δέ τινες καὶ τῶν περιερχομένων Ἰουδαίων ἐξορκιστῶν ...
[110] Explizit Acta Theclae 15 u. 20. Vgl. auch Bieler, Θεῖος Ἀνήρ 83f.
[111] Zum ἰατρεῖον zuletzt Hennig, Untersuchungen, 11 mit Anm. 51.
[112] Act. Phil. 13,4f.; dazu Huttner, Christianity, 355–357. Ein Reisender ist auch Lukas, der Arzt, der in der Grußliste des Kolosserbriefes angeführt ist (Kol 4,14) und den wir uns als einen Begleiter des Paulus vorstellen müssen. Vgl. Schnelle, Einleitung, 311.
[113] Z. B. Act. Ioh. 56. Zur Datierung Bremmer, Apogryphal Acts, 153.

unterwegs waren.[114] Während des 2. Jh.s v. Chr. zogen alle vier Jahre Delegierte aus Milet zu den panathenäischen Festlichkeiten nach Athen.[115] Eine besondere Note hatten die Gesandtschaften von jugendlichen Sängern, die unter der Führung eines Propheten während des 2. Jh.s n. Chr. Jahr für Jahr aus Laodikeia den Mäander hinunter reisten, um auf die Straße nach Ephesos und zum Apollonorakel von Klaros einzubiegen.[116] Allerdings waren die Theoren stets im Auftrag ihrer jeweiligen Heimatpolis unterwegs, während der Apostel Jerusalem in eigener Regie ansteuerte.[117] Dabei reihte er sich unter diejenigen Juden ein, die in großer Zahl weite Wegstrecken auf sich nahmen, um am Pfingstfest in Jerusalem teilzunehmen. Auf ein derartiges Pilgerwesen deuten sowohl Flavius Josephus als auch das zweite Kapitel der Apostelgeschichte hin.[118] Paulus changiert sozusagen zwischen einem griechischen Theoren und einem jüdischen Pilger.

5. Fazit: Zur Schwierigkeit der Rekonstruktion sozialer Typen

Dass sich Paulus als Reisender in der Sicht seiner Zeitgenossen nicht auf eine Rolle reduzieren lässt, dürfte klar geworden sein. Die jeweilige Perspektive war sicher nicht selten schlicht situationsbedingt: Wenn Paulus gerade Lederbahnen zusammennähte, dann war er Wanderarbeiter; wenn er gerade das Wesen seines Gottes auseinandersetzte, Wanderphilosoph. Konturen gewinnen diese Perspektiven allerdings nur dann, wenn man Paulus in der Welt belässt, in der er sich bewegte, und das war genau diejenige Welt, die durch eine die Mobilität bald fördernde, bald hemmende Geographie sowie durch eine facettenreiche soziale Kon-

---

[114] Den Zusammenhang zwischen Theoren, die in den Inschriften von Samothrake dokumentiert sind, und der Reisetätigkeit des Paulus stellt auch Mowery, *Theoroi*, 120 f., her.
[115] Vgl. zu Herrmann/Wiegand, Milet 6,3, n. 1038 den Kommentar von W. Günther. Vgl. auch Habicht, Theoren.
[116] Weiterführend Huttner, Christianity, 139 f., 201–203.
[117] Zu den griechischen Theoren vgl. Rutherford, Theoria.
[118] Vgl. zu Ios. bell. Iud. 1,253 und 2,42 u. 73 Siggelkow-Berner, Feste, 185–218; zu Apg 2,5–11 Bruce, Book, 53 f.

stellation gestaltet war und von der uns zahllose mehr oder weniger zeitgenössische Inschriften ein blasses Bild vermitteln.

Wie schwierig es ist, Reisende nach Art des Paulus in den zeitgenössischen Textquellen, vor allem aber in den Inschriften, aufzuspüren, wurde ebenfalls deutlich. Aber es gab wohl generell zahlreiche soziale Typen, die wir in dem zur Verfügung stehenden Quellenmaterial nicht oder bestenfalls nur ansatzweise greifen können.[119] Die Wirklichkeit der Alltagswelt,[120] wie sie sich den Zeitgenossen darbot, lässt sich daher nur in unsystematischen Bruchstücken aufschlüsseln. Der Grund dafür besteht allerdings nicht nur im fragmentarischen Charakter des Quellenmaterials, sondern auch darin, dass für die Zeitgenossen die visuelle Wahrnehmung eine zentrale Rolle spielte,[121] von der wir aber nur noch dürftige Reflexe in den Textquellen wiederfinden, also in der Schwierigkeit, aus Texten Bilder zu rekonstruieren.

Literatur

Ignasi-Xavier Adiego: Las inscripciones plurilingües en Asia Menor: hacia una clasificación tipológica y un análisis funcional, in: Werner Eck/Peter Funke u. a. (Hgg.), Öffentlichkeit – Monument – Text. XIV Congressus Internationalis Epigraphiae Graecae et Latinae, 27.–31. Augusti MMXII. Akten, Berlin/Boston 2014, 231–269.

Walter Ameling: Inscriptiones Judaicae Orientis. II. Kleinasien, TSAJ 99, Tübingen 2004.

Peter Arzt-Grabner: Philemon, PKNT 1, Göttingen 2003.

Hansjörg Auf der Maur: Die Osterfeier in der alten Kirche (mit einem Beitrag von Clemens Leonhard), Liturgica Oenipontana 2, Münster 2003.

Dietwulf Baatz: Hibernacula, in: Germania 63 (1985), 147–154.

---

[119] Mit der sozialen Typisierung, die hier anklingt, geht eine in der Gesellschaft verankerte Erwartung an das Rollenverhalten einer Person einher. Vgl. dazu Bahrdt, Schlüsselbegriffe, 74 f.; auch Berger/Luckmann, Konstruktion, 33: „Die Wirklichkeit der Alltagswelt verfügt über Typisierungen, mit deren Hilfe ich den Anderen erfassen und behandeln kann." Mit erläuternden Details ebd., 59–62.78 f. (Bildung einer Rollentypologie).

[120] Vgl. zu dem Begriff Berger/Luckmann, Konstruktion, 24–26.

[121] Zur Bedeutung des Visuellen in der antiken Gesellschaft weiterführend Ronning, Herrscherpanegyrik, 9–11.

Dietwulf Baatz: Bauten und Katapulte des römischen Heeres, Mavors Roman Army Researches 11, Stuttgart 1994.
Hans Paul Bahrdt: Schlüsselbegriffe der Soziologie. Eine Einführung mit Lehrbeispielen, 6. Aufl., München 1994.
Barry Baldwin: κοπιδερμία/κοπίδερμος, in: Glotta 59 (1981), 117–118.
Anthony A. Barrett: Agrippina. Sex, Power, and Politics in the Early Empire, New Haven/London 1996.
Peter L. Berger/Thomas Luckmann: Die gesellschaftliche Konstruktion der Wirklichkeit. Eine Theorie der Wissenssoziologie, 17. Aufl., Frankfurt a. M. 2000.
Ludwig Bieler: Θεῖος Ἀνήρ. Das Bild des „göttlichen Menschen" in Spätantike und Frühchristentum, 2. Aufl., Darmstadt 1967 (orig. Wien 1935/36).
Wolfgang Blümel: Der Beitrag der Inschriften von Priene zur Kultur- und Geistesgeschichte der griechisch-römischen Antike, in: Josef Fischer (Hg.), Der Beitrag Kleinasiens zur Kultur- und Geistesgeschichte der griechisch-römischen Antike. Akten des Internationalen Kolloquiums, Wien, 3.–5. November 2010, Wien 2014, 21–26.
Wolfgang Blümel/Reinhold Merkelbach/Frank Rumscheid: Inschriften von Priene, IGSK 69,1/2, Bonn 2014.
Hugo Blümner: Technologie und Terminologie der Gewerbe und Künste bei Griechen und Römern I, 2. Aufl., Leipzig 1912, 268 f. [Neudr. Hildesheim 2004].
Irene Blum: Milet in der römischen Kaiserzeit. Mit einem Beitrag von Erich Altenhöfer, in: Ortwin Dally/Martin Maischberger/Peter I. Schneider/Andreas Scholl (Hgg.), ZeitRäume. Milet in Kaiserzeit und Spätantike, Berlin/Regensburg 2009, 42–59.
Glen W. Bowersock: Augustus and the Greek World, Oxford 1965.
Jan N. Bremmer: The Apogryphal Acts: Authors, Place, Time and Readership, in: Ders. (Hg.), The Apocryphal Acts of Thomas, Leuven 2002, 149–170.
Cilliers Breytenbach: Paulus und Barnabas in der Provinz Galatien. Studien zu Apostelgeschichte 13 f.; 16,6; 18,23 und den Adressaten des Galaterbriefes, AGJU 38, Leiden 1996.
Klaus Bringmann: Geschichte der Juden im Altertum. Vom babylonischen Exil bis zur arabischen Eroberung, Stuttgart 2005.
Frederick F. Bruce: The Book of the Acts (NICNT), 2. Aufl., Grand Rapids 1988.
Rudolf Bultmann: Die Geschichte der synoptischen Tradition. Mit einem Nachwort von G. Theißen, 10. Aufl., Göttingen 1995 (nach d. 2. Aufl. 1931).
Helga Bumke: Fremde Votive oder fremde Dedikanten? Ägyptische Weihgaben in Ionischen Heiligtümern und ihr Zeugniswert für Kulturtransfer, in: Linda-Marie Günther (Hg.), Tryphe und Kultritual im archaischen Kleinasien – ex oriente luxuria? Wiesbaden 2012, 1–31.
Barbara Burrell: Neokoroi. Greek Cities and Roman Emperors, Leiden 2004.
Peter Busch: Magie in neutestamentlicher Zeit, Göttingen 2006.
Alan H. Cadwallader: A New Inscription, a Correction and a Confirmed Sighting from Colossae, in: EpAn 40 (2007), 109–118.

Boris Chrubasik, The Attalids and the Seleukid Kings, 281–175 BC, in: Peter J. Thonemann (Hg.), Attalid Asia Minor. Money, International Relations, and the State, Oxford 2013, 83–119.

Hans Conzelmann: Die Apostelgeschichte, HNT 7, Tübingen 1972.

Thomas Corsten: Die Inschriften von Laodikeia am Lykos, IGSK 49,1, Bonn 1997.

Michel Cottier/Michael H. Crawford/Charles V. Crowther u.a. (Hgg.): The Customs Law of Asia, Oxford 2008.

Alberto Dalla Rosa: Praktische Lösungen für praktische Probleme: Die Gruppierung von conventus in der Provinz Asia und die Bewegungen des Prokonsuls V. Iulius Severus (procos. 152/53), in: ZPE 183 (2012), 259–276.

Francesco D'Andria: Hierapolis in Phrygien (Pamukkale). Ein archäologischer Führer, Istanbul 2003.

Adolf Deissmann: Paulus. Eine kultur- und religionsgeschichtliche Skizze, Tübingen 1911.

J. Delorme: Gymnasion. Étude sur les monuments consacrés à l'éducation en Grèce (des origines à l'Empire romain), Paris 1960.

Alexander Demandt: Antike Wundermänner, in: Josef Fischer (Hg.), Der Beitrag Kleinasiens zur Kultur- und Geistesgeschichte der griechisch-römischen Antike. Akten des Internationalen Kolloquiums, Wien, 3.–5. November 2010, Wien 2014, 75–85.

Ségolène Demougin: Prosopographie des chevaliers romains julio-claudiens: (43 av. J.-C. – 70 ap. J.-C.), CEFR 153, Paris/Rom 1992.

Hubert Devijver: Prosopographia militiarum equestrium quae fuerunt ab Augusto ad Gallienum 1, Leuven 1976.

Hubert Devijver: Prosopographia 4 (Suppl.) 1987.

Imogen Dittmann-Schöne: Die Berufsvereine in den Städten des kaiserzeitlichen Kleinasiens, 2. Aufl., Regensburg 2010.

Karl P. Donfried: Paul as σκηνοποιός and the Use of the Codex in Early Christianity, in: Karl Kertelge/Traugott Holtz/Claus-P. März (Hgg.), Christus bezeugen. Festschrift für Wolfgang Trilling zum 65. Geburtstag, Leipzig 1989, 249–256.

Michael Dräger: Die Städte der Provinz Asia in der Flavierzeit. Studien zur kleinasiatischen Stadt- und Regionalgeschichte, Frankfurt a. Main u.a. 1993.

Heinrich-Wilhelm Drexhage: Wirtschaftspolitik und Wirtschaft in der römischen Provinz Asia in der Zeit von Augustus bis zum Regierungsantritt Diokletians, Asia Minor Studien 59, Bonn 2007.

David S. du Toit: Theios Anthropos. Zur Verwendung von θεῖος ἄνθρωπος und sinnverwandten Ausdrücken in der Literatur der Kaiserzeit, WUNT II 91, Tübingen 1997.

Eva Ebel: Das Leben des Paulus, in: Oda Wischmayer (Hg.), Paulus. Leben – Umwelt – Werk – Briefe, 2. Aufl., Tübingen/Basel 2012, 105–118.

Werner Eck: Art. Porcius Festus, in: DNP 10 Sp. 163 s.v. Porcius II 2.

Werner Eck: Rom und Judaea. Fünf Vorträge zur römischen Herrschaft in Palaestina, Tübingen 2007.

Norbert Ehrhard/Wolfgang Günther: „Retter und Wohltäter". Zu einer neuen Ehreninschrift für Cn. Vergilius Capito, in: Henning Börm/Norbert Ehrhardt/Josef Wiesehöfer (Hgg.), Monumentum et instrumentum inscriptum. Beschriftete Objekte aus Kaiserzeit und Spätantike als historische Zeugnisse. Festschrift für Peter Weiß zum 65. Geburtstag, Stuttgart 2008, 103–116.

Helmut Engelmann/Dieter Knibbe: Das Zollgesetz der Provinz Asia. Eine neue Inschrift aus Ephesos, EpAn 14, Bonn 1989.

Johannes Engels: Der verklagte Flußgott Mäander, in: Hist. 51 (2002), 192–205.

Ulrich Fellmeth: Brot und Politik. Ernährung, Tafelluxus und Hunger im antiken Rom, Stuttgart/Weimar 2001.

Josef Fischer: Redner, Sophisten und Philosophen im römischen Ephesos, in: Ders. (Hg.), Der Beitrag Kleinasiens zur Kultur und Geistesgeschichte der griechisch-römischen Antike. Akten des Internationalen Kolloquiums, Wien, 3.–5. November 2010, Wien 2014, 125–151.

Thomas Fischer: Die Armee der Caesaren. Archäologie und Geschichte, Regensburg 2012.

Jörg Frey: Galaterbrief, in: Oda Wischmeyer (Hg.), Paulus. Leben – Umwelt – Werk – Briefe., 2. Aufl., Tübingen/Basel 2012, 232–256.

Christine Gerber: Paulus und seine „Kinder". Studien zur Beziehungsmetaphorik der paulinischen Briefe, BZNW 136, Berlin 2005.

Alan M. Greaves: The Archaeology of Miletus, in: Graham J. Oliver (Hg.): The Epigraphy of Death. Studies in the History and Society of Greece and Rome, Liverpool 2000, 111–116.

Alan M. Greaves: Miletos. A History, London/New York 2002.

Wolfgang Günther: Caligula, Milet und ein ehrgeiziges Kultprojekt, in: JNG 62 (2012), 105–125.

Christian Habicht: New Evidence on the Province of Asia, in: JRS 65 (1975), 64–91.

Christian Habicht: Milesische Theoren in Athen, in: Chiron 21 (1991), 325–329.

Rudolf Haensch: Capita provinciarum. Statthaltersitze und Provinzialverwaltung in der römischen Kaiserzeit, Mainz 1997.

Johannes Hahn: Der Philosoph und die Gesellschaft. Selbstverständnis, öffentliches Auftreten und populäre Erwartungen in der hohen Kaiserzeit, HABES 7, Stuttgart 1989.

Robert Halleux: Les alchimistes grecs I: Papyrus de Leyde, Papyrus de Stockholm, Recettes, Paris 2002.

Anna Heller: „Les bêtises des Grecs". Conflits et rivalités entre cités d'Asie et de Bithynie à l'époque romaine (129 a.C.–235 p.C.), Bordeaux 2006.

Joachim Hengstl: Zum Erfahrungsprofil des Apostels Paulus aus rechtshistorischer Sicht, in: Peter Arzt-Grabner/Christina M. Kreinecker (Hgg.), Light from the East. Papyrologische Kommentare zum Neuen Testament (Akten des internationalen Symposions vom 3.–4. Dezember 2009 am Fachbereich Bibelwissenschaft und Kirchengeschichte der Universität Salzburg), Philippika 39, Wiesbaden 2010, 71–89.

Dieter Hennig: Amtlich angeordnete Untersuchungen im römischen Ägypten, in: Chiron 44 (2014), 1–21.
Otto Hense: C. Musonius Rufus Reliquiae, Leipzig 1905.
Peter Herrmann: Milesischer Purpur, in: MDAI 25 [1975], 141–147.
Peter Herrmann/Theodor Wiegand (Hgg.): Milet. Ergebnisse der Ausgrabungen und Untersuchungen seit dem Jahre 1899 (Milet 6,2), Berlin 1998.
Peter Herrmann/Theodor Wiegand (Hgg.): Milet. Ergebnisse der Ausgrabungen und Untersuchungen seit dem Jahre 1899, Milet 6,3, Berlin 2006.
Peter Herrmann: Briefe von der archäologisch-epigraphischen Stipendiatenreise 1955/56 in den Ländern des Mittelmeerraums, München 2008.
Thomas Hieke: Levitikus 16–27, HThKAT Teilbd. 2, Freiburg/Basel/Wien 2014.
Ronald F. Hock: The Social Context of Paul's Ministry. Tentmaking and Apostleship, Minneapolis 1980 (Neudr. 2007).
Günther Hölbl: Ägyptisches Kulturgut in Ionien im 7. Jh. v. Chr. Der Beitrag Milets zu einem religionshistorischen Phänomen, in: Josef Fischer (Hg.), Der Beitrag Kleinasiens zur Kultur- und Geistesgeschichte der griechisch-römischen Antike. Akten des Internationalen Kolloquiums, Wien, 3.–5. November 2010, Wien 2014, 181–209.
Niklas Holzberg: Der antike Roman. Eine Einführung, 3. Aufl., Darmstadt 2006.
G. H. R. Horsley (Hg.): New Documents Illustrating Early Christianity. A Review of the Greek Inscriptions and Papyri published in 1977, NDIEC 2, North Ryde/Macquarie University 1982.
Ulrich Huttner: Kalender und religiöse Identität: Ostern in Hierapolis, in: ZAC 15 (2011), 272–290.
Ulrich Huttner: Early Christianity in the Lycus Valley, AJEC 85/ECAM 1, Leiden/Boston 2013.
Bülent İplikçioğlu: Heraklit von Rhodiapolis, ein gefeierter Arzt der traianischen Zeit, in: Josef Fischer (Hg.), Der Beitrag Kleinasiens zur Kultur- und Geistesgeschichte der griechisch-römischen Antike. Akten des Internationalen Kolloquiums, Wien, 3.–5. November 2010, Wien 2014, 231–255.
Edwin A. Judge: St Paul and classical society, in: JbAC 15 (1972), 19–36.
Edwin A. Judge: The Early Christians as a Scholastic Community, in: Ders., The First Christians in the Roman World. Augustan and New Testament Essays, WUNT 229, Tübingen 2008, 526–552.
Marcus Junkelmann: Die Legionen des Augustus, 12. Aufl., München 2015.
Otto Kern: Die Inschriften von Magnesia am Maeander, Berlin 1900.
Georges Kiourtzian: Recueil des inscriptions grecques chrétiennes des Cyclades. De la fin du IIIe au VIIe siècle après J.-C, Paris 2000.
Hans Klein: Craftsmanship Assumptions in Pauline Theology, in: Alf Christophersen/Carsten Claussen/Jörg Frey/Bruce Longenecker (Hgg.), Paul, Luke and the Graeco-Roman World. Essays in Honour of Alexander J. M. Wedderburn, JSNTS 217, Sheffield 2002, 94–101.

Anne Kolb: Transport und Nachrichtentransfer im Römischen Reich, Klio B. N.F. 2, Berlin 2000.
Peter Lampe: Paulus – Zeltmacher, in: BZ NF 31 (1987), 256–261.
Robin Lane Fox: Reisende Helden. Die Anfänge der griechischen Kultur im homerischen Zeitalter, Stuttgart 2011.
R. Laurenti: Musonio, maestro di Epitteto, in: ANRW II 36,3 (1989), 2105–2146.
Henry G. Liddell/Robert Scott: A Greek-English Lexicon, with a Revised Supplement, 2. Aufl., Oxford 1996.
Gerd Lüdemann: Das frühe Christentum nach den Traditionen der Apostelgeschichte. Ein Kommentar, Göttingen 1987.
Christian Marek: Die Inschriften von Kaunos, Vestigia 55, München 2006.
Christoph Markschies: Zwischen den Welten wandern. Strukturen des antiken Christentums, Frankfurt a. M. 1997.
Wilhelm Michaelis: Art. σκηνή ... σκηνοποιός, in: ThWNT 7, 369–396.
Stephen Mitchell: Anatolia. Land, Men, and Gods in Asia Minor. Volume II: The Rise of the Church, Oxford 1993.
Luigi Moretti: ISE (Iscrizioni Storiche Ellenistiche) II: Grecia centrale e settentrionale, Florenz 1975.
Robert L. Mowery: Theoroi and initiates in Samothrace, in: Biblica 92 (2011), 112–122.
Johannes Nollé: Nundinas instituere et habere. Epigraphische Zeugnisse zur Einrichtung und Gestaltung von ländlichen Märkten in Afrika und in der Provinz Asia, SubEpi 9, Hildesheim 1982.
Johannes Nollé: Pamphylische Studien 11 und 12, in: Chiron 21 (1991), 331–344.
Johannes Nollé: Beiträge zur kleinasiatischen Münzkunde und Geschichte 6–9, in: Gephyra 6 (2009), 7–99.
Johann Andreas Ortloff: Gründliche Darstellung der Künste und Gewerbe. Ein technologisches Lehrbuch für Schulen und zum Privatgebrauch, 6. Aufl., Erlangen 1823.
Bernhard Overbeck/Yaakov Meshorer: Das Heilige Land. Antike Münzen und Siegel aus einem Jahrtausend jüdischer Geschichte, München 1993.
Thomas Paulsen: Verherrlichung und Verspottung. Die Gestalt des „Gottmenschen" bei Philostrat und Lukian, in: Gerhard Binder/Bernd Effe/Reinhold F. Glei (Hgg.), Gottmenschen. Konzepte existentieller Grenzüberschreitung im Altertum, Bochumer Altertumswissenschaftliches Colloquium 55, Trier 2003, 97–120.
Fjodor B. Poljakov: Die Inschriften von Tralleis und Nysa. Die Inschriften von Tralleis, IGSK 36,1, Bonn 1989.
Selene Psoma: War or Trade? Attic-Weight Tetradrachms from Second-Century BC Attalid Asia Minor in Seleukid Syria after the Peace of Apameia and their Historical Context, in: Peter J. Thonemann (Hg.), Attalid Asia Minor. Money, International Relations, and the State, Oxford 2013, 263–300.
Friedemann Quaß: Die Honoratiorenschicht in den Städten des griechischen Ostens.

Untersuchungen zur politischen und sozialen Entwicklung in hellenistischer und römischer Zeit, Stuttgart 1993.
William M. Ramsay: The Church in the Roman Empire before A.D. 170, New York/London 1893.
William M. Ramsay: St. Paul the Traveler and Roman Citizen. Revised and updated by Mark Wilson, 15. Aufl., Grand Rapids 2001 (1925).
Brian M. Rapske: Acts, Travel and Shipwreck, in: David W. J. Gill/Conrad Gempf (Hgg.), The Book of Acts in Its First Century Setting. Vol. 2: Graeco-Roman Setting, Grand Rapids 1994, 1–47.
Albert Rehm/Theodor Wiegand (Hgg.): Milet. Ergebnisse der Ausgrabungen und Untersuchungen seit dem Jahre 1899, Milet 6,1, Berlin 1997.
Tullia Ritti: Associazioni di mestiere a Hierapolis di Frigia, in: Bianca M. Giannattasio (Hg.), Atti VII Giornata Archeologica. Viaggi e commerci nell'antichità, Genova 1995, 65–84.
Tullia Ritti: Guida epigrafica a Hierapolis di Frigia (Pamukkale), Istanbul 2006.
Louis Robert: Le Sanctuaire de Sinuri près de Mylasa I: Les inscriptions grecques, Mémoires de l'Institut francais d'archéologie de Stamboul 7, Paris 1945.
Louis Robert: A travers l'Asie Mineure. Poètes et prosateurs, monnaies grecques, voyageurs et géographie, Paris 1980.
Louis Robert: Documents d'Asie Mineure, Paris 1987.
Christian Ronning: Herrscherpanegyrik unter Trajan und Konstantin. Studien zur symbolischen Kommunikation in der römischen Kaiserzeit, STAC 42, Tübingen 2007.
Kai Ruffing: Wirtschaft in der griechisch-römischen Welt, Darmstadt 2012.
Ian C. Rutherford: DNP 12/1 (2002), Sp. 398–400, s. v. Theoria 1.
Évelyne Samama: Les médecins dans le monde grec: Sources épigraphiques sur la naissance d'un corps médical, Genève 2003.
Gerhard Schneider: Die Apostelgeschichte, HThKNT 5,2, Freiburg/Basel/Wien 1982.
Udo Schnelle: Einleitung in das Neue Testament, 8. Aufl., Göttingen 2013.
Peter Scholz: Elementarunterricht und intellektuelle Bildung im hellenistischen Gymnasium, in: Daniel Kah/Peter Scholz (Hgg.), Das hellenistische Gymnasion, 2. Aufl., Berlin 2007, 103–128.
Stefan Schreiber: Paulus als Wundertäter. Redaktionsgeschichtliche Untersuchungen zur Apostelgeschichte und den authentischen Paulusbriefen, Berlin/New York 1996.
Christof Schuler: Ein Priestertum der Artemis in Arykanda, in: Chiron 33 (2003), 487–504.
Birke Siggelkow-Berner: Die jüdischen Feste im Bellum Judaicum des Flavius Josephus, WUNT II 306, Tübingen 2011.
Wolfgang Speyer: Zum Bild des Apollonius von Tyana bei Heiden und Christen, in: JbAC 17 (1974), 47–63.
Peter J. Thonemann: Estates and the Land in Late Roman Asia Minor, in: Chiron 37 (2007), 435–478.

Peter J. Thonemann: The Maeander Valley. A Historical Geography from Antiquity to Byzantium, Cambridge 2011.
Michael Trainor: Epaphras. Paul's Educator at Colossae, Collegeville 2008.
Paul Trebilco: Asia, in: David W. J. Gill/Conrad Gempf (Hgg.), The Book of Acts in Its First Century Setting. Vol. 2: Graeco-Roman Setting, Grand Rapids 1994, 291–362.
Johan S. Vos: Sophistische Argumentation im Römerbrief des Apostels Paulus, in: NT 43 (2001), 224–244.
Jochen Wagner: Die Anfänge des Amtes in der Kirche. Presbyter und Episkopen in der frühchristlichen Literatur, Tübingen 2011.
Bruce W. Winter: Philo and Paul among the Sophists. Alexandrian and Corinthian Responses to a Julio-Claudian Movement, 2. Aufl., Grand Rapids/Cambridge 2002.

Autorenverzeichnis

Alkier, Stefan, Dr. theol., geb. 1961, ist Professor für Neues Testament und Geschichte der Alten Kirche an der Universität Frankfurt am Main.

Huttner, Ulrich, Dr. phil., geb. 1965, ist Professor für Alte Geschichte an der Universität Siegen.

Rohde, Dorothea, Dr. phil., geb. 1974, ist Studienrätin im Hochschuldienst an der Fakultät für Geschichtswissenschaft, Philosophie und Theologie der Universität Bielefeld (Abteilung für Geschichtswissenschaft/Schule für Historische Forschung).

Rydryck, Michael, Dr. theol., geb. 1980, ist Wissenschaftlicher Mitarbeiter an der Professur für Neues Testament und Geschichte der Alten Kirche und im Programm „Starker Start ins Studium" an der Universität Frankfurt am Main.

Weiß, Alexander, Dr. phil., geb. 1968, ist Privatdozent und wissenschaftlicher Mitarbeiter an der Goethe-Universität Frankfurt am Main im Leibniz-Projekt „Polyphonie des spätantiken Christentums".

Register

Sach- und Ortsregister

Abgabenfreiheit 139
Abhängigkeit/Unabhängigkeit 67, 70, 73, 78, 88
Ackerbau 87
Afrika 91, 100
Ägäis 119, 125
Ägypten 88, 100, 102, 118, 123
Akkumulation (von Kapital) 77, 79 f.
Akteur, sozialer 66 f., 69 f.
Alexandria 88 f., 103-105, 111, 124
Alltagswelt 85 f., 98, 111, 141
Amt/Ämter 41, 46, 51-53, 67-70, 90, 124 f., 127, 130
Amtsträger (siehe Magistrate) 125
Anbauflächen 90
Anbaustrategien 90
Anerkennung, soziale 55, 59
Ansehen 40, 51, 56, 63, 126, 130
Antagonismus 13, 15, 21
Antiochia in Pesidien 43, 45-47, 74
Antiochia in Syrien 74, 88, 97, 105, 107, 111
Apameia 88, 127
Apostel 12 f., 20, 41, 79, 82, 123, 127, 137, 139 f.
Appellation 75, 78
Apollonorakel von Klaros 140
Arbeit/Arbeitskraft 64 f., 67, 70, 76, 78, 88, 91, 95, 102 f., 127, 131 f., 140
Arbeitsethos 77 f., 80 f.
Arbeitsteilung 88
Arbeitssuche 102
Archäologie 31, 64, 89, 93 f., 133
Areopag 41, 48-52
Aristokratie 51, 60, 62, 64 f., 74

Artemiskult 93
Arzt 138 f.
Asia 104, 118, 120, 136
Assos 120
Athen 41, 48-51, 72-74, 88, 137, 140
Ausbildung 60, 65, 67, 69, 94

Bauboom 90
Bauern 63, 87, 91, 98, 110
Bauhandwerk 94, 103, 133
Bausubstanz 88
Bedarf/Bedarfsdeckung 88, 91, 98, 110, 132
Bekehrung 47 f., 53-56
Berufspraxis 78, 82
Besitz 39, 60, 62 f., 65, 67, 91, 95
 Geldbesitz 69
 Landbesitz 67, 69, 91, 98
Besoldung 90
Betriebe 95, 132
Bevölkerungswachstum 88 f.
Bevölkerungszahl 88, 105
Bewässerungsanlagen 90 f.
Bildung 48, 60, 66 f., 69, 71, 75-77, 81, 90
Bürgerethos 78, 80 f.
Bürgerrecht 39, 60 f., 65, 69, 75, 80, 82, 102, 107

Cicilia 104
Chancen 110, 125, 130
Chios 120
Chytri 44 f.
Corpus Paulinum 77, 79, 81
Cura annonae 100

150

Damaskus 72–74, 81
Datierung 9, 31 f., 52, 54
Darstellungsweise 29, 80
Dekurio 40, 41, 50, 54, 60, 62, 64
Didyma 124
Differenz 13, 15–17, 21, 23
Distanz 98, 103, 106, 111, 137
Distinktion/Distinktionsstrategien 63, 65, 68, 79–82
Diversität 14–18, 23

Einfluss, politisch-sozialer 64 f., 74
Einkommen 64, 93
Einnahmequellen 131
Einzugsgebiet 98
Elite 10, 39 f., 51, 53, 55, 61, 64, 89, 93, 125, 130
Emporoi 100
Ephesus 74 f., 88, 93, 97, 118, 120–123, 126–128, 130, 134, 136–140
Epigraphik 46, 93, 99, 108, 126, 133
Erntehelfer 103
Erwerb 76, 78, 91, 110, 131, 135
Existenzminimum 61 f., 76
Exorzisten 137, 139
Experten 102
Exporthändler 126

Familie 44–47, 68
Fayyum 104
Felder, soziale 66, 68–71, 73, 75, 78 – 80
Fernhandel 99 f., 103, 111
Fertilität 105
Feste (als Wirtschaftsfaktor) 99
Festgesandte/Theoren 139 f.
Finanztransfer 121
Fleischverzehr 89
Fortschrittsmodell 15
Forum appii 100
Frauen 40, 70, 102, 111
Freigelassene 37, 39, 47, 60, 64, 138
Freiheit 15 f., 69, 78, 80

Fremdwahrnehmung (siehe Selbstwahrnehmung)
Freund/Freundschaft 46 f., 68, 128
Frieden (als Wirtschaftsfaktor) 89 f.
Frühkatholizismus 11, 24–29, 31 f.

Gerberhandwerk 93
Geld 67–69, 76, 90, 121, 126–128, 131 f.
Gesandte/Gesandtschaften 72, 121, 124, 138–140
Geschenke 127
Geschichtsbild 11, 17 f., 26, 32
Geschichtsschreibung 8, 10, 18, 25, 29, 30
Gesellschaft 37–41, 55, 62–64, 66–68, 70, 73, 78, 97, 110 f., 125
Gesellschaftsmodell 63 f.
Gesellschaftsstruktur 64, 66 f.
Gesundheit (als Migrationsfaktor) 109
Getreidetransport/Getreideversorgung 100, 102–104
Gewerbe 75, 93, 102, 110, 134 f.
Glaubwürdigkeit, historische 19, 43, 85 f.
Grabinschrift 46, 108, 110, 121, 133
Grabmal 47, 93, 121, 124 f.
Grenzen (als Wirtschaftsfaktor) 90, 97, 108, 111
Gut/Güter 68, 91, 98, 130
Gymnasien 129

Habitus 63, 65–70, 72–74, 76–82, 128, 132
Häfen 90, 100, 103, 104, 118–122, 125 f.
Handel 90, 100, 102, 107, 125
 Fernhandel 99 f., 103, 111
 Seehandel 89 f., 102, 109, 123, 126
Handelsverbindungen 102, 107
Händler 63, 70, 75, 95, 98–100, 103 f., 110 f., 119, 125 f., 136
Handlungsdispositionen 67, 80 f., 96

151

Handlungspotential 69, 80
Handwerk 71, 78, 89, 91–95, 110, 130, 132–135
Handwerker 63, 65, 70–73, 76 f., 86, 90, 93–95, 98, 102 f., 106 f., 109–111
Haushalt 75, 102
Heer (als Wirtschaftsfaktor) 90 f., 133
Heidenchristentum 13 f., 21, 26
Heiler 72, 137–139
Hierapolis 121, 125, 134, 139
Hierarchie
  gesellschaftliche 38
  ökonomische 111
  provinziale 118
Hintergrundschilderungen 85, 87
Historik 33
Hypothesen 15, 17, 21, 27, 31 f.
Hysteresis 67, 81

Iberische Halbinsel 137
Identität 80, 82, 93
Immobilien 67
Imperiale Ebene 40, 64 f., 69–71, 74, 91, 125
Imperium Romanum 31, 64, 75, 88 f., 91, 97, 105, 107, 109–111
Indien 137
Informationsfluss 90, 98, 102 f.
Infrastruktur 88, 90, 93 f., 107, 123, 130
Inkorporation 66, 71–73, 77 f., 80 f.
Innovation, technische 90
Inschriften 44–47, 51 f., 54, 108, 110 f., 121, 123–126, 130, 132–135, 141
Integrationsbereitschaft 97
Integrationsfähigkeit 97
Interaktionsraum 98
Investitionen 68, 90, 109, 111
Isinda 133
Italien 88, 100, 103, 105, 125 f.
Iudaea 91

Jerusalem 60, 72, 74 f., 77, 97, 104, 120 f., 139 f.
Jerusalemkollekte 75 f., 121
Johannesakten 139
Judenchristentum 13, 21–23, 26

Kaiser/Kaiserhaus 10, 40, 44 f., 55, 60, 62, 75, 78, 90, 100, 102, 118, 130, 139
Kapital 68, 70, 73, 78
  kulturelles 66–69, 71 f., 74–76, 79–81
  ökonomisches 66–69, 71, 73, 75 f., 78–80
  soziales 10, 66–81, 126
  symbolisches 66–69, 71–76, 78–82
Kapitalsorten 66, 69, 71, 77, 80
  inkorporiertes 66, 72 f., 77
Kap Malea 125
Kapitalkonversion 68, 71–76, 79
Kathargo 105, 107, 111
Kaufkraft 90
Klienten 67–69
Kolossai 133 f.
Kolosseum 94
Kommunalpolitiker 125
Kommunikation 77, 80 f., 98, 102 f., 107
Kommunikationszentren 103
Kompetenz 32, 48, 69, 71, 94 f.
Konkurrenz 93, 130, 138
Konsum 70, 89
Konventsstadt 118
κοπιδερμοί/κοπιδερμία 134
Korinth 41, 52, 74, 88, 91, 97, 120, 132, 136
Kos 123
Kredit 90, 100 f.
Kritik, historische 10, 13, 15, 18, 20 f., 23
Kulturraum 139
Küstenschifffahrt 109, 122

Landbesitz (siehe Besitz)
Landbevölkerung 70, 91, 110
Landgüter 91, 98
Landweg 122
Landwirtschaft 87, 91 f., 103, 131
Laodikeia 140
Lastschiffe 109
Lebens- & Arbeitsgemeinschaft 131
Lebensmittelpunkt 95, 97, 111
Lebensstil 64, 70, 88, 97, 111
Lebensunterhalt 93 f., 102, 130–132
Lebenswelten 69 f., 85
Leder/Lederhandwerk 71, 94, 133 f., 136, 140
Lehrer 12, 77, 128, 130 f., 136
Lehrtätigkeit 131
Leiden/Leidenshabitus 72 f., 78–82
Leidensethos 80
Leinen 94, 133
Leistung 68 f., 88
Levante 97, 119
Limes 105
Liturgien 124
Lokale Ebene 15 f., 39, 43, 50, 52 f., 55, 60, 62, 69 f., 74, 87, 90, 93 f., 98, 107, 109, 136
Lokalaristokratie 62
Lokalkolorit 43, 47 f., 86
Luftverschmutzung 89
Lugdunum 107
Lykaonien 47
Lykien 123
Lykostal 125, 133, 135
Lystra 137

Macht 14, 17, 40, 62 f., 65, 67–70, 72 f., 78, 90
Magier 44, 79, 139
Magistrate 41, 44, 50, 52
Magnesia 118,199, 122, 136, 139
μάγοι 137
Malta/Melite 74 f., 100, 104
Mandragoreis 119

Markt/Märkte 87, 90, 93 f., 98 f., 135 f.
Marktrechte 136
Mäander 118 f., 140
Mäandertal 122, 126
Märtyrer 54, 73
Metallverarbeitung 110
Miete/Vermietung 76, 91 f., 95, 111
Migranten/Migration 77, 88, 96 f., 104 f., 107–111
Migrationsbereitschaft 97, 124
Mikroregion 98
Milet 118–126, 129 f., 135, 137, 140
Milieu 87, 110, 121
Mission/Missionsreise 43, 46–48, 60, 62, 74 f., 77–80, 121, 123, 136
Mittelmeerraum 72, 74, 80, 90, 97, 100, 107 f., 111, 123
Mittelschichten 38, 63–65, 68–70, 73 f., 79 f., 82, 89
Mitylene 120
Mobilität 10, 67, 69, 72 f., 77, 80, 81, 89, 96, 98 f., 107 f., 111, 124, 125, 126, 128, 138, 140
Münzsystemsystem 90
Myra 100

Naukleroi 100 f.
Navicularii 100, 103
Negotiatores 100
Neokorien 118
Netzwerke 67–70, 76 f., 80, 123
New consensus 38 f., 41, 55
Nysa 118

Oberschichten 39 f., 55, 61–64, 67–69, 73 f., 76, 79 f.
Ökonomie (siehe auch Wirtschaft) 67, 69 f., 73, 76, 79, 82, 86 f., 93, 103 f., 110 f., 118
Oikonómos tês póleôs 41, 52 f.
Ordo 40 f., 43, 46, 50, 52–56, 61, 63–65
Ortsbindung 93
Ortswechsel 97, 99, 103 f.

153

Ostia 104, 106

Pacht/Pächter 67, 91, 95
Palaestina 91
Paphos 44, 46
Papyri (als Quellen) 93, 102
Parallelüberlieferungen 86, 132
Pascha 121
Patara 123
Paulus-Brief 19, 22 f., 27, 79
Peloponnese 125
Pergament 134 f.
Pergamon 88, 118, 134
Perge 43, 47
Personenrecht 39, 64
Pfingsten 120 f., 139 f.
Pharisäer 60, 71, 74, 78
Philippi 74 f., 137
Philosophen 17, 72 f., 128 f., 131, 140
Pilgerwesen 140
Piraterie 101
Plausibilität, historische 10, 22, 32 f., 43, 47 f., 81
Politik 41, 51, 62 f., 65 f., 69 f., 75, 82, 88, 90, 97 f., 100
Polyphonie 14 f., 17 f.
Population, städtische 91
Position 38, 68, 70
Praxis 77
　berufliche (siehe Berufspraxis)
　gesellschaftliche 68
　ökonomische 86
Prediger 130
Presbyter 121–123, 127 f., 130, 137
Prestige 10, 54 f., 62 f., 68, 70, 73 f., 78, 80, 124, 126
Priene 122
Privilegien 40, 62 f., 75, 102, 138 f.
Produktion 87, 89, 91, 94, 133 f.
Produktionssteigerung 90 f.
Produktivität 90 f.
Produktpalette 102
Produktverbesserung 93

Protopaulinen 81
Prominenz 59 f.
Provinz/Provinzen 45, 88 f., 104 f., 108, 118, 124, 136
Puteoli 100, 103 f., 107

Qualifikation 64 f., 68, 71
Quellenwert 10, 25, 29–33, 43, 61 f.

Rang 39, 118
Regionale/überregionale Ebene 14, 59 f., 69, 71–74, 76 f., 80–82, 88, 96, 98–102, 107–111, 136
Reichtum 39 f., 64, 68, 125, 129
Reisen 10, 60, 76 f., 86, 97, 99 f., 102, 107, 109, 111, 119, 124 f., 135
Reisende 72 f., 77, 102, 107, 109, 111, 119, 125 f., 128, 130, 136, 138–141
Reisezeit 98, 122
Religion 14–17, 37, 66, 74, 78–80, 88, 111, 125, 139
Ressourcen 98, 125 f.
Rhegium 100
Rhein/Rheinland 108, 128
Rhetorik 69, 71, 77, 81, 127
Rhetoren 128–130
Rhodos 123
Ritter 40, 46, 62, 124, 129
Rom 9, 14, 45 f., 71, 74–76, 88, 91, 93, 97, 100, 102, 104–108, 111, 119, 124, 132
Romanisation 88
Routine 86, 96, 98, 107, 111

Saisonarbeit 103
Salamis 44
Samos 120
Schichten 38, 59 f., 63, 65
Schiffbruch/Havarie 100 f., 104
Schifffahrtssaison 103
Schiffsladung 101 f., 126
Schiffstransfer/Fährtransfer 122 f.,
Schriftgelehrte Bildung 71, 75, 77

Schuhmacher   135
Seedarlehen   100 f.
Seehandel   89 f., 126
Segeltuch/Segel   94 f.
Selbstbeherrschung/Selbstüberwindung   131
Selbstdarstellung   68
Selbstwahrnehmung/Fremdwahrnehmung   64, 68, 70, 80, 93, 141
Senat   46, 51
Senatoren   31, 40 f., 44–46, 54, 62, 69
Seriosität   138 f.
Sidon   124
σκηνοποιοί/σκηνοποιία   132 f.
Sklaven   37, 39, 52, 60, 63 f., 67, 70, 105
Smyrna   88, 118
Soldaten/Legionäre   63 f., 108
Sophisten   76, 79, 128 – 130
Sophistik, Zweite   128 f.
Sozialgeschichte   37 f., 40 f., 43, 52 f., 55, 59, 61–63, 65, 67 f., 72, 80–82
Sozialhermeneutik   53, 59, 61 f., 64–67, 70, 80, 82
Sozialstruktur   60–62, 65, 67, 69
Spenden   76
Spezialisierung   71, 76, 93–95, 102, 106, 109 f., 134 f., 138
Stand/Stände   40, 56, 60, 63, 124
Stände-Schichten-Struktur   63
Statthalter   41, 44 f., 47, 60, 99, 118, 124
Status   38 f., 53, 56, 111, 126
Statusdissonanzen   38 f., 55
Sterblichkeit   105
Steuern   75, 90
Stigmatisierung, soziale   53 f.
Stilisierung   86, 126 f.
Straßen/Straßennetz   93, 109, 119, 125
Strukturmerkmal   111
Summa honoraria   51
Synagogen   71, 74, 78, 103 f.
Syrakus   100
Syrien   71, 74, 91

Tagelöhner   70
Tarsus   60 f., 75, 94, 127
Taufe   48
Technologietransfer   106
Tempelaristokratie, Jerusalemer   60, 74
Termessos   107
Textilherstellung   110
Textquellen   141
Theater/Amphitheater   94, 132
θεῖος ἀνήρ   138
Thessaloniki   74
Tierhäute   134
Titel   44, 51 f., 79, 82, 118
Tomi   97
Tralles   118
Transportbedingungen   108
Transportkosten   90
Transaktionskosten   90
Tyros   123

Uneigennützigkeit   124, 127 f., 130, 132
Unterschichten   38, 61–65, 67, 69 f., 73, 76
Unterschichtenreligion   37
Urbanisierung   71, 88 f., 105
Urgemeinde   13, 17

Verein   67, 134
Verfallsmodell   13, 15, 26 f.
Verfolgungen   54, 72
Verkauf   91, 95, 128, 135 f.
Verkehrswege   122
Vermögen   39, 61, 64 f., 68 f., 71, 73, 76, 109
Verwaltung   40, 69, 88, 104, 118, 125
Veteranen   64, 108
Via appia   100
Viehzucht   87, 133
Vormoderne   87, 107, 111

Wanderarbeiter   140
Wanderphilosoph   140
Wanderungsbewegungen   105, 107

Waren- & Güterverkehr 90, 98, 125 f.
Weglänge 98
Werkstatt 93, 95, 111, 135
Wertmaßstäbe 65, 68
Winterpause (Schifffahrt) 100
Wirtschaft (siehe auch Ökonomie) 66, 68 f., 78, 88 – 91, 94 f., 98, 108, 110
Wirtschaftsgeschichte 66, 86 f., 110
Wirtschaftskreislauf 68, 90
Wirtschaftswachstum 88 f., 91
Wohlstand 90 f.
Wohnung/Mietwohnung 76, 88, 91 f., 95

Wunder/Wundertäter 10, 72, 79, 137, 139

Zeltaufsteller 133
Zelte 94, 133 f.
Zeltmacher 71, 94, 132–135
Zensusvermögen 76
Zentralorte 88, 118
Zinssatz 100
Zoll/Zölle 90, 126
Zwänge, ökonomische 104
Zuverlässigkeit, historische 10, 18, 25, 29, 41–43, 45, 86
Zypern 41, 43–45, 48, 74

Bibelstellenverzeichnis

Kursiv gedruckte Vermerke sind den Fußnoten entnommen

Ex 23, 16 *121*

Num 28, 26 *121*

Mt 3, 1–12 60

Mk 1, 4–8 60

Lk 1, 1–4 8
Lk 1, 2 9
Lk 1, 3 8
Lk 3, 1.20 60

Joh 1, 19–28 60
Joh 21, 24 11

Apg 1, 1–3 8
Apg 1, 18–19 *91*
Apg 2, 5–11 *140*
Apg 2, 43 *137*
Apg 3, 2–9 *137*
Apg 4, 34 *91*
Apg 5, 1–11 *92*

Apg 6, 9 *104*
Apg 8, 9–24 73
Apg 9 – 28 72, 77
Apg 9 60
Apg 9, 1–19a 72
Apg 9, 1–3 72, 77
Apg 9, 1–2 74
Apg 9, 1 60
Apg 9, 2–3 60
Apg 9, 2 77
Apg 9, 5–6 78
Apg 9, 15–16 *73*
Apg 9, 19b–22 71, *77*
Apg 9, 22–26 72
Apg 9, 27 74
Apg 9, 43 93
Apg 10, 6 93
Apg 10, 32 93
Apg 11, 25 97
Apg 11, 28 *102*
Apg 13–28 71
Apg 13 41, 45, *46*
Apg 13, 4–14 43

Apg 13, 4–12   79
Apg 13, 5   43
Apg 13, 6–12   74f.
Apg 13, 9   59
Apg 13, 13–14   46f., *103*
Apg 14, 3   *137*
Apg 14, 8–18   79
Apg 14, 8–10   *137*
Apg 14, 14–18   79
Apg 15   *9*
Apg 15, 12   *137*
Apg 15, 36–41   74
Apg 16   75
Apg 16, 1–4   *121*
Apg 16, 6–10   78
Apg 16, 8   *120*
Apg 16, 14–15   75f.
Apg 16, 16–24   72
Apg 16, 16–18   *137*
Apg 16, 20–28   *11*
Apg 16, 23–34   *72*
Apg 16, 25–34   74
Apg 16, 30–34   76
Apg 16, 37   60, 75
Apg 17   41
Apg 17, 16–33   78
Apg 17, 16–31   79
Apg 17, 16–22   72
Apg 17, 16–18   *71*
Apg 17, 17–31   77
Apg 17, 17–22   49
Apg 17, 18–21   74
Apg 17, 18   48
Apg 17, 19f   48
Apg 17, 21   48
Apg 17, 22   48
Apg 17, 22–31   *71*
Apg 17, 24   50
Apg 17, 25   50
Apg 17, 27f   50
Apg 17, 32–33   74
Apg 17, 34   48, 52, 75
Apg 18, 1–3   71, *76, 78, 94*

Apg 18, 3   *94, 132*
Apg 18, 4–5   *71*
Apg 18, 11   97
Apg 18, 12–17   78
Apg 18, 18–19   *94*
Apg 19   75
Apg 19, 8–10   *136*
Apg 19, 10   97
Apg 19, 11–12   *72, 137*
Apg 19, 13   *139*
Apg 19, 23–20, 1   74
Apg 19, 23–48   78
Apg 19, 23–40   *93, 123*
Apg 19, 23–34   79
Apg 20, 3   *136*
Apg 20, 13–15   *120*
Apg 20, 16   *120*
Apg 20, 17–38   78
Apg 20, 17–35   73, 77
Apg 20, 17   *121*
Apg 20, 18–27   73
Apg 20, 20   *127*f.
Apg 20, 27   *127*
Apg 20, 28   *121*
Apg 20, 33–35   78, 79
Apg 20, 33   76, *127*
Apg 20, 34–35   76
Apg 20, 34   *94, 131*
Apg 21, 1–3   *123*
Apg 21, 15–23, 35   72
Apg 21, 27–28, 16   72
Apg 21, 32–28, 16   75
Apg 21, 27–32   78
Apg 21, 27–30   74
Apg 21, 27   *104*
Apg 21, 39   60, 75
Apg 22, 1–21   78
Apg 22, 1–16   72
Apg 22, 2   *71*
Apg 22, 3   60, 71
Apg 22, 27–28   75
Apg 23, 1–6   78
Apg 23, 6–10   74

157

Apg 23, 16   76
Apg 24, 22–25, 12   *119*
Apg 24, 10–21   78
Apg 25, 9–12   78
Apg 26   74
Apg 26, 1–29   78
Apg 26, 2–18   72
Apg 26, 14–15   *103*
Apg 27, 2   *100*
Apg 27, 5–6   *100*
Apg 27, 7–8   *100*
Apg 27, 9–12   *104*
Apg 27, 12   *100*
Apg 27, 13–28, 6   *72*
Apg 27, 18–19   *101*
Apg 27, 23–24   78
Apg 27, 38   *100*
Apg 28, 7–10   74
Apg 28, 7   75, *92*
Apg 28, 11   *100, 104*
Apg 28, 12–13   *100*
Apg 28, 14–15   *100*
Apg 28, 16   76
Apg 28, 17–31   71
Apg 28, 17–24   77
Apg 28, 21–24   74
Apg 28, 21   77
Apg 28, 30   *92, 97, 104*

Röm 1, 1–12   82
Röm 13, 1–7   70, 82
Röm 15, 22–29   81
Röm 16, 23   41, 52

1 Kor 1, 26   68
1 Kor 4, 12   *132*

1 Kor 9, 1–18   82
1 Kor 9, 1–6   82
1 Kor 9, 7–23   82
1 Kor 9, 18   *127*
1 Kor 9, 24–27   82
1 Kor 15, 6–11   82
1 Kor 16, 5–12   81

2 Kor 4, 7–17   82
2 Kor 10, 1–12, 18   82
2 Kor 10, 12–18   82
2 Kor 11, 8–9   *76*
2 Kor 11, 9   *127*
2 Kor 11, 12–15   82
2 Kor 11, 12   *127*
2 Kor 11, 13–14   *127*
2 Kor 11, 26–27   *126*

Gal 1, 6–9   *130*
Gal 1, 10–2, 21   82
Gal 1, 15–21   81
Gal 5, 10–12   *130*

Phil 1, 12–30   82

Kol 2, 4–8   *130*

1 Thess 2, 5   *127*
1 Thess 2, 9   82, *132*

2 Tim 4, 13   *134*

1 Makk 15   *44*

1 Petr 2, 13–16   70